Biergartenguide

München

"Ich bin a Naturmensch.
Ich muss naus in die Natur,
ich muss in' Biergarten."

Gerhard Polt

Inhaltsverzeichnis

12-20

Hintergründe zum Biergart'ln

Woher kommt die Biergartentradition? Warum sind im Biergarten immer Kastanien? Warum ist Weißbier in Bayern so beliebt?
Hier werden Sie zum Biergartenprofi!

24-104

Münchens Biergärten im Detail

Im Sommer gibt es kaum schönere Orte als Münchens Biergärten. Wir zeigen Ihnen die Großen und Bekannten ebenso wie die versteckten Schönen. Alle Details und die Biergutscheine finden Sie hier.

Servus mitanand

Biergarten steht für Gemütlichkeit und bayerische Tradition. Wir fühlen uns hier so wohl, dass wir am liebsten jede freie Minute dort verbringen.

Herzlichen Glückwunsch zum Kauf des Biergartenguides. In diesem Buch steckt weitaus mehr, als nur ein paar bunte Seiten Papier, sogar mehr als nur hilfreiche Informationen und nützliche Insidertips - Sie haben sich eine „gute Zeit" gekauft.

Lassen Sie sich treiben und inspirieren von den Emotionen, die Ihnen auf den nächsten Seiten vermittelt werden. Freuen Sie sich auf den Sommer, auf bayerische Schmankerl und kühles Bier.

Wir sind uns sicher, dass Sie beim Durchstöbern dieses Guides und beim Einlösen der Biergutscheine viel Spaß haben werden. Entdecken Sie bislang unbekannte Biergärten mit Freunden und Bekannten.

Kultur lebt davon, von Menschen zelebriert und fortgeführt zu werden. So auch die bayerische Biergartenkultur. Seien Sie ein Teil davon! Packen Sie Ihren Picknickkoffer mit leckeren Schmankerl und der obligatorischen, karierten Tischdecke und erkunden Sie Münchens Biergärten.

Wir wünschen Ihnen einen tollen Sommer mit reichlich Biergartenwetter. Und jetzt: geht's raus und habt Spaß... mir sehn uns im Biergarten.

Prost
Thomas & Markus

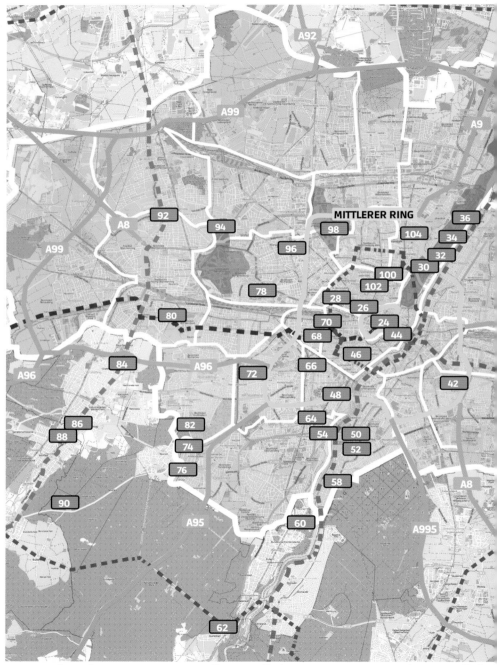

Isarradweg   Panorama Radweg   Ammersee Radwe

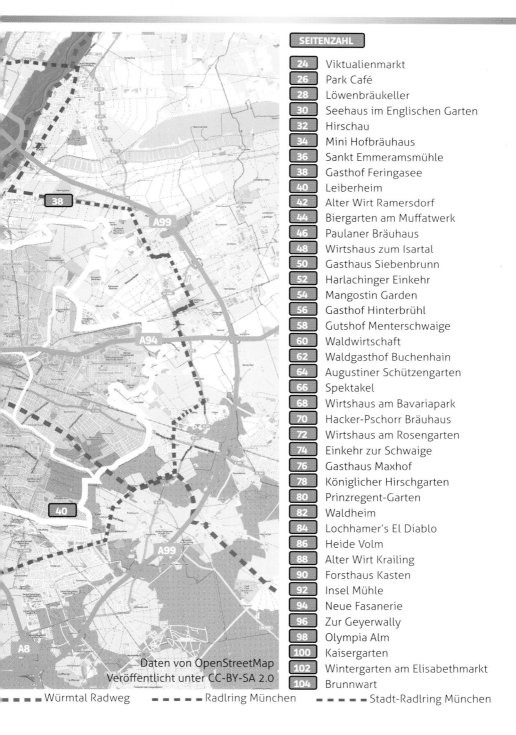

▬ ▬ ▬ Würmtal Radweg   ▬ ▬ ▬ Radlring München   ▬ ▬ ▬ Stadt-Radlring München

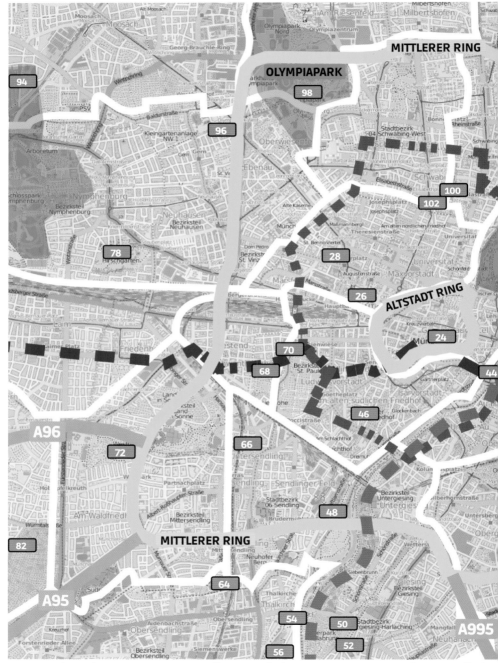

Isarradweg ••••• Panorama Radweg ----- Ammersee Radwe

Daten von OpenStreetMap
Veröffentlicht unter CC-BY-SA 2.0

▬ ▬ ▬ Würmtal Radweg ▬ ▬ ▬ Radlring München ▬ ▬ ▬ Stadt-Radlring München

Biergarten-Radtouren

Fahrradfahren hat Stil, ist gesund, klimafreundlich und zudem das beste Verkehrsmittel zum Biergarten und wieder nach Hause

Gut beschildert geht es ins Münchner Umland

Isarradweg

Der Isarradweg ist insgesamt 290 Km lang und führt vom Sylvensteinsee bis an die Landesgrenze bei Scharnitz.

Im Süden Münchens führt der Weg durch das Isartal, dessen Hochufer mit herrlichen Biergärten gesäumt ist. Entlang des Flauchers, vorbei am Tierpark nähern sich die Radler in Richtung Norden der Stadt. Innerhalb Münchens geht es vorbei am Deutschen Museum über den Englichen Gartens weiter nach Bogenhausen.

Es ist der wohl schönste Radweg Münchens und ein Muss für jeden Münchner, Zuagroasd'n und Touristen.

Panorama-Radweg

Der Panorama-Radweg erstreckt sich über insgesamt 69 Km und führt von Münchens Stadtzentrum - Ausgangspunkt Ludwigsbrücke am Deutschen Museum - entlang einer eleganten Route durch die Stadtviertel im Münchner Osten hinaus bis nach Wasserburg am Inn. Der Radweg verläuft in München auf verkehrsarmen Nebenstraßen. Weiter außerhalb führt die Route über Feld- und Forstwege sowie asphaltierte Radwege.

Entlang des Radweges laden zahlreiche Biergärten, Gaststätten, Straßencafes auf einen Zwischenstop ein.

Fazit: Ein lohnenswertes Ausflugsziel, vorallem ab Trudering.

Ammersee-Radweg

Der Ammersee-Radweg erstreckt sich auf ein Gesamtlänge von 96 Km, vom Stadtzentrum Ludwigsbrücke am Deutschen Museum bis zum Endpunkt in Bad Wörishofen. Nach 43 Km ist der Ammersee erreicht. Bis dahin lohnt eine kleine Rast in einem der Biergärten am Wegrand.

Der Radweg führt entlang der Straßen durch den Münchner Westen und ist wohl eher lohneswert aufgrund der Biergärten auf dem Weg und des Ziels Ammersee.

Würm-Radweg

Auf ca. 35 Km schlängelt sich der Würmtal-Radweg entlang der malerischen Würm von Dachau bis an ihren Ursprung, den Starnberger See.

Unterwegs geht es vorbei an herrlich gelegenen Biergärten, durch den Pasinger Stadtpark und vorbei an Sehenswürdigkeiten wie die Blutenburg in Obermenzing.

Besonderes Highlight: Das romantische Tal südlich von Gauting und die aussichtsreiche Abfahrt hinab nach Starnberg, von wo aus es für Radlfaule mit der S6 wieder zurück nach München geht.

Radlring München

Der Radlring München verbindet auf ca 135 Km Länge die Städte und Gemeinden des Münchner Umlandes miteinander und somit auch eine ganze Reihe von Ausflugsbiergärten.

Der Radlring ist niemanden wird es verwundern ein Ring, womit ist Anfangs- und Endpunkt frei gewählt werden können.

Zudem lässt sich diese Strecke auch herrlich mit den anderen vier beschriebenen Radtouren kombinieren. Sollten die Beine vom vielen in die Pedale treten dann doch mal schwer werden, bringt Bus und Bahn die Ausflügler von den zahlreichen Haltestellen unterwegs wieder gen Heimat.

Stadt-Radlring München

Der Stadt-Radlring München ist kein offizieller Radweg, wie die anderen beschriebenen Routen. Er führt jedoch ausschliesslich auf Radwegen durch die Stadt und verbinden ein paar der schönsten und sehenswertesten Ecken der Stadt.

Die Route verläuft entlang der Isar, durch den Südteil des Englischen Gartens und Schwabing, durch die Maxvorstadt Richtung Theresienwiese und wieder zurück zur Isar - ein Radlschmankerl.

Bayerns **Biergartenkultur**

Seit 200 Jahren genießt man im Feistaat die Maß Bier am liebsten im Freien unter Kastanien mit einer Brotzeit

So sieht er aus, der Perfekte Biergartenbesuch: Bier, Radi, Obazda & Brezn in heiterer Gesellschaft

Wenn ein Mensch auf der Suche nach Glückseligkeit die Welt umrundet, wird er unweigerlich von der Gravitation des größten Dorfes der Welt aufgesogen. Unter blau-weißem Himmel bei strahlendem Sonnenschein, ein Blätterdach über dem Kopf, gekühlt von oben und von innen. Wenn man sich ihm nähert, hört man von weitem das Rauschen der Stimmen, das Klirren der Krüge wird immer lauter und dann, ja dann steht man inmitten der Brandung der Schaumkronen, im Meer der Bier- und Glückseligkeit, das Epizentrum des bajuwarischen Lebensgefühls: Im Biergarten.

Bayerische Brauordnung - Stein des Anstoßes

Diese urgemütliche Institution haben die Münchener der bayerischen Brauordnung aus dem Jahre 1539 zu verdanken. Diese besagte, dass es nur zwischen dem Festtag des heiligen Michael am 29. September und dem Ehrentag des heiligen Georg am 23. April erlaubt war, Bier zu brauen. Im Hochsommer war die Herstellung zu gefährlich, da durch das Sieden Brände ausgelöst werden konnten. Die Brauer mussten ihr Bier also auf Vorrat herstellen, daher auch das besonders starke, gehopfte und längerlebige „Märzenbier" im Monat März. Doch die Frage aller Fragen blieb: Wie bringt man das Bier über den Sommer, ohne einen Kühlschrank, der leider noch nicht erfunden war?

Bierkeller zur Kühlung

Die Lösung fanden die gewieften Brauer in unterirdischen Bierkellern. Dies kann man heute noch an Namen Salvatorkeller, Hofbräukeller, Löwenbräukeller erkennen.

Im Winter wurden fortan große Vorräte an Bier angelegt, die über den Sommer verkauft werden konnten. Doch ganz so einfach war es nicht. Die kühle Luft des Kellers reicht nicht aus, um das Gebräu unbeschadet über den Sommer zu bekommen. Um für zusätzliche Kühlung zu sorgen, wurden im Winter aus Bächen und Flüssen große Stücke Eis geschnitten und in die Keller zur Kühlung gebracht.

Die Kastanie

Um das Eis so lange wie möglich vor dem Schmelzen zu bewahren, pflanzten die Brauer schattenspendende Bäume. Die einheimische Kastanie mit ihren großen Blättern war dafür genau der Richtige. Weil sie nur flache Wurzeln bilden, hatten die Kastanien außerdem den Vorteil, dass sie die Kellergewölbe nicht beschädigten.

So bahnte sie sich an, die Liebesbeziehung zwischen dem Baum und dem Bier. Die Kastanie wurde zur Biergartenbaumart erkoren.

Der Biergarten ist eine gesellige Angelegigkeit

Und los geht's...

Somit war alles gerichtet für die Besucher. Und die kamen zuhauf, als die Brauer beschlossen, das Bier im Sommer direkt über dem Keller zu verkaufen. Es wurden einfach Tische über dem Keller aufgestellt, fertig war das Wirtshaus im Freien.

Naja, ganz so einfach war es dann doch nicht. Sie hatten die Rechnung ohne den Wirt gemacht. Die Wirtshausbesitzer protestierten vehement gegen die neue Konkurrenz im Grünen. Ihnen blieben dadurch in der Stadt natürlich die Gäste aus. Außerdem sollten die Brauer ihr Bier doch an die Wirte und nicht billig an die Gäste verkaufen. Ein Skandal in deren Augen.

König Maximilian I. - Schöpfer der Biergärten

Schlichten musste den Streit kein Geringerer als seine Majestät höchstpersönlich: König Maximilian I. Der Kompromiss war einfach. Die Bierbrauer durften weiter ihr Bier verkaufen, allerdings kein Essen anbieten, festgeschrieben per Dektret am 4 Januar 1812. Essen durfte nur in den altgedienten Wirtshäusern angeboten werden. Beide Parteien waren zufrieden - der Biergarten war geboren.

Das Weißbier

Fruchtig und spritzig ist der Geschmack, königlich die Herkunft - das Weißbier hat eine bewegte Historie

↑ Lange Zeit war es verboten aus Weizen Bier zu brauen

Eine Ausnahme machte der bayerische Herzog nur beim niederbayerischen Geschlecht der Degenberger, welchen er bereits 1529 das Recht verliehen hatte, aus Weizen Bier zu brauen. Als der letzte Sohn des Geschlechts 1602 starb fiel der Besitz und damit auch das alleinige Recht, Weizenbier zu brauen, an das bayerische Herrscherhaus unter Maximilian I. zurück.

1605 wurde in München – an dem Ort, wo heute das weltberühmte Hofbräuhaus steht – das Weisse-Bräuhaus gegründet. Hier ließ Herzog Maximilian das Weizenbier nun selber brauen und verkaufen.

Die bayerischen Kurfürsten als Brauherren

Weißbier ist wohl das bayerischste aller Biere und war hier schon in früheren Jahrhunderten beliebt. Bürgerliche und adelige Braumeister machten sich dabei Konkurrenz. Das änderte sich schlagartig, als das bayerische Herrscherhaus 1567 das Brauen von Weizenbier verbot. Die Begründung war fadenscheinig: Es sei „ein unnützes Getränk, das weder führe noch nähre, noch Kraft und Macht gäbe, sondern nur zum Trinken reize". In Wahrheit sollte der kostbare Weizen nicht weiter zum Bierbrauen verwendet werden.

1623 avancierte Herzog Maximilian zum Kurfürsten. Für seinen aufwändigen Hofstaat waren die Gewinne des Weisse-Bräuhaus unentbehrlich. Um weitere Geldquellen zu erschließen, kam der clevere Wittelsbacher auf die Idee, Verträge mit den Münchner Wirten einzugehen. Diese wurden verpflichtet, neben dem bürgerlichen Braunbier, das hochherrschaftliche Weizen auszuschenken. Gehorchten sie nicht, wurde ihnen das Wirtsrecht entzogen.

Die Nachkommen Maximilians I. hielten „aus gewichtigen Ursachen" für andere Stände das Verbot aufrecht, aus Weizen Bier zu brauen. Die Herstellung von Weißbier wurde zum „Regal": zum wirtschaftlich nutzbaren Hoheitsrecht des bayerischen Herrscherhauses. Sehr zum Verdruss der bürgerlichen Braunbierbrauer entstanden überall kurfürstliche Brauhäuser. Und die Untertanen ließen sich ihr Weizenbier, das angeblich so „unnütz" war, schmecken.

sein Privileg. Das Recht, Weizenbier zu produzieren, wurde auf alle Brauer im Lande ausgedehnt.

Erfrischender Genuss von heute

Der Erfolg von heute würde selbst die geschäftstüchtigen Wittelsbacher neidisch

Die Kunst, ein Weißbier einzuschenken

Wer schon einmal versucht hat, ein Weizen einzuschenken, der weiß, dass dieses Bier ein überschäumendes Temperament entwickeln kann.

Zunächst braucht man die typischen Weißbiergläser, denn nur aus ihnen schmeckt es richtig gut. Sie sind hoch und leicht geschwungen. Deshalb kann die Kohlensäure im Weizen beim Einschenken eine schöne Schaumkrone entwickeln. Wie bei anderen Biersorten auch sollte das Glas vor dem Einschenken mit klarem Wasser ausgespült werden.

Die Flasche wird schräg zum Glas gehalten, dann das Weizenbier eingeschenkt, bis die Schaumkrone den Rand erreicht hat. Anschließend wird das Bier eine Weile stehen gelassen, bis sich der Schaum abgesetzt hat. Dann kann vorsichtig nachgegossen werden, um die Schaumkrone zu erhalten - et voilà - fertig ist das perfekte Weißbier. Prost!

Ein voller Erfolg: Weißbier mit perfekter Schaumkrone

Das Weißbier wird bürgerlich

Mitte des 18. Jahrhunderts kam das kurfürstliche Weißbier dann eine Weile aus der Mode. Die bürgerlichen Brauer hatten ihre Methoden, Braunbier herzustellen, entscheidend verbessern können. Es schmeckte den Bayern noch besser als das Weizen aus den Hofbräuhäusern. Weizenbier wurde so wenig getrunken, dass es als Einnahmequelle für das Herrscherhaus nichts mehr hergab. Als großzügige Geste gegenüber seinen Untertanen verzichtete dieses auf

machen: Etwa sechs Millionen Hektoliter Weizenbier werden heute jährlich allein im Lebensmitteleinzelhandel und in Abholmärkten verkauft.

Weizenbier muss mindestens 50 Prozent Weizenmalz enthalten. Da es bei der Lagerung hoch gespundet wird, hat es relativ viel Kohlensäure. Dies und der fruchtige Geschmack machen dieses Bier so erfrischend. Deshalb ist es im Sommer besonders beliebt, wenn Jung und Alt in Biergärten und auf Restaurant-Terrassen zusammenkommen. [Quelle: Deutscher Brauer Bund]

Das Reinheitsgebot

Das älteste heute noch gültige Lebensmittelgesetz der Welt - seit gut 500 Jahren wird Bier aus Hopfen, Malz und Wasser hergestellt

Wasser, Hopfen und Gerstenmalz sind die einzigen erlaubten Inhaltsstoffe des Bieres. Die Wirkung der Hefe war damals nicht bekannt und daher nicht im Ursrprungstext enthalten

Das Reinheitsgebot ist die älteste heute noch gültige lebensmittelrechtliche Vorschrift der Welt. Zugleich ist es der Höhepunkt einer sich über mehrere Jahrhunderte hinweg erstreckenden rechtlichen Entwicklung in Deutschland, bei der es den jeweiligen Obrigkeiten und Instanzen darum ging, durch entsprechende Verordnungen die Qualität des Bieres, ein Hauptnahrungs-mittel der Bevölkerung, zu verbessern. Wir wollen Sie hier durch die spannende Entwicklungsgeschichte führen.

Augsburg 1156

Kaiser Barbarossa gab im Jahr 1156 der Stadt Augsburg eine neue Rechtsverord-nung, die berühmte „Justitia Civitatis Augus-tensis", die das älteste deutsche Stadtrecht

ist. Und schon darin ist vom Bier die Rede:
„Wenn ein Bierschenker schlechtes Bier macht oder ungerechtes Maß gibt, soll er gestraft werden..."

Die Strafe war übrigens schwer und betrug 5 Gulden, beim dritten Verstoß wurde dem brauenden Wirt die Lizenz entzogen.

München 1363

Um die Qualität des Bieres kümmerten sich schon 1363 auch die Münchener. Sie übertrugen 12 Mitgliedern des Stadtrates die Bieraufsicht. Und 1447 verlangten sie von den Brauern ausdrücklich, dass sie zum Bierbrauen nur Gersten, Hopfen und Wasser verwenden dürfen „....und sonst nichts darein oder darunter tun oder man straffe es fuer valsch".

Herzog Albrecht IV. bestätigte 40 Jahre später diese Forderung des Münchener Stadtrates, denn er hatte erfahren, dass im Norden Deutschlands das Biergeschäft vor allem deshalb blühte, weil die dortigen Zünfte dafür sorgten, dass gutes Bier gebraut wurde.

Das Bayerisches Reinheitsgebot vom 23. April 1516

Im April 1516 trat der Bayerische Landständetag unter dem Vorsitz von Herzog Wilhelm IV. in Ingolstadt zusammen. Dieses Gremium billigte eine vom Herzog vorgelegte Vorschrift - und machte sie damit für ganz Bayern verbindlich - dass zur Herstellung des Bieres nur Gerste, Hopfen und Wasser verwendet werden dürften.

Die Klarstellung, dass es sich um Gerstenmalz zu handeln habe, wurde später eingefügt. Von der Rolle der Hefe wusste man noch nichts. Dennoch ist der Grundtext

kontinuierlich in neueren Gesetze fortgeschrieben worden, deren Wirkungsbreite sich immer weiter ausdehnte.

Deutsches Bier muss in der Bundesrepublik Deutschland laut Gesetz auch heute noch ausschließlich aus Malz, Hopfen, Hefe

↑ Hopfendolden, die dem Bier die Würze und das Aroma verleihen

und Wasser hergestellt werden. Damit ist das Reinheitsgebot von 1516 die älteste, noch heute gültige Lebensmittelgesetzgebung der Welt.

Mit dieser Vorschrift wurde Verfälschungen vorgebeugt, vor allem aber chemische oder andere Zusätze ausgeschlossen. Denn bevor man Hopfen zur Konservierung und als Aromaspender in der Bierbrauerei einsetzte, wurden alle möglichen anderen

Kräuter zum Würzen verwendet. Manche davon waren ausgesprochen giftig und geeignet, Halluzinationen bei den Biertrinkern zu erzeugen. Was alles kam hinein? Ochsengalle, Wacholder, Gagel, Schlehe, Eichenrinde, Wermut, Kümmel, Anis, Lorbeer, Schafgarbe, Stechapfel, Enzian, Rosmarin, Rainfarn, Jo-

Deutschen Reinheitsgebot 1906

Nach der deutsche Reichsgründung 1871 haben auch andere Staaten ähnliche Regelungen übernommen. Ab 1906 galt das Bayerische Reinheitsgebot in abgewandelter Form im gesamten Reichsgebiet. Es wurde

Der Maibaum am Viktualienmarkt trägt Schilder zur Erinnerung und den Erlass des Münchner Reinheitsgebot, ebenso der Augustiner Kronkorken mit dem Wappen des Verein Münchener Brauereien

Wortlaut des Reinheitsgebotes

„Wie das Bier im Sommer und Winter auf dem Land ausgeschenkt und gebraut werden soll": So lautet der Titel der Verordnung, die Wilhelm IV., Herzog in Bayern, im April 1516 dem Bayerischen Landständetag in Ingolstadt vorgelegt hat. Das Gremium billigte die Vorschrift, die seither unter dem Namen „Reinheitsgebot" bekannt ist.

hanniskraut, Fichtenspäne, Kiefernwurzeln, vor allem aber auch Bilsenkraut.

Das Reinheitsgebot von 1516 hat auch heute nichts von seiner Aktualität eingebüßt. Denn es garantiert in einer Zeit, in der andere Lebensmittel oft negative Schlagzeilen machen, einen wirksamen Verbraucherschutz: Deutsches Bier enthält keine künstlichen Aromen und keine Zusatzstoffe - nur Malz, Hopfen, Hefe und Wasser.

im Biersteuergesetz verankert, in dem es heißt, dass Bier nur aus Malz, Hopfen, Hefe und Wasser hergestellt werden darf.

Heutige Gesetzgebung

Nach verschiedenen Fortschreibungen des Gesetztestextes, findet das Reinheitsgebot, in der heutigen Bundesrepublik Deutschland, seine rechtliche Begründung im vorläufigen Biergesetz.

[Quelle: Deutscher Brauer Bund]

Der Obazda

Eine Maß, eine große Brezn und dazu an Obazda -
Oh, du glückliche bayerische Seele

Tradtitionell mit Zwiebeln
und Schnittlauch oder
modern mit Salzstangen
ein Genuss

Der „Obatzter" - wie er von Touristen genannt wird - ist tief in die bayerische Brotzeitkultur verankert. Der Name leitet sich von der Herstellung ab: »Obazn« heißt »anrühren, anmachen«, wobei der »Baz« – weiche Masse – auf die Konsistenz der Käsecreme verweist.

Die Zubereitung

Obazda ist ein relativ einfaches Gericht: Ein waschechter Bayer entrindet den reifen Camembert, dieser wird mit ein wenig schaumig gerührter Butter und einer fein geschnittenen Zwiebel vermischt. Pfeffer, Salz und reichlich Paprika geben die nötige Würze. Ein paar Löffel Bier machen den Käse cremiger. Schnittlauch drüber und Brezn dazu – fertig.

Irrungen und Wirrungen

Die Sache könnte so einfach sein, gäbe es da nicht Menschen die den kräftigeren Limburger oder Romadur vorziehen. Kümmel rein oder auch nicht? Quark und Frischkäse für eine feine milde Note? Na, jedenfalls bitte keinen Wein, wie es die Franken angeblich machen.

Ein Tipp: Obazda sollte am Tag der Zubereitung gegessen werden, da die Zwiebel sonst einen bitteren Geschmack entwickeln.

Die sechs **Großen**

Münchens Bierkultur gehört zu den berühmtesten der ganzen Welt.
Maßgeblich dazu beigetragen haben diese sechs Brauereien:

↑ Das münchner Hofbräuhaus ist besonders bei Touristen beliebt

↑ Hacker-Pschorr, himmel der Bayern und Sponsor des TSV 1860 München

Hofbräu

Das wohl berühmteste Bier der Stadt ist das HB. Vor allem das Stammhaus am Platzl in München hat einen weltweiten Ruf erlangt. Das Hofbräuhaus ist bis heute eine der touristischen Hauptattraktionen Münchens. Bei Amerikaner, Australiern und Asiaten steht das Hofbräuhaus fest auf der Liste der Attraktionen. Im 19. Jahrhundert wurde die Brauerei verstaatlicht. Aus Platzmangel zog man an die Innere Wiener Straße um, wo sich noch heute der Hofbräukeller befindet.

Hacker-Pschorr

Seit sage und schreibe fast 600 Jahren- bekommen Sie in der Sendlinger Strasse 14 das immer gleiche Bier ausgeschenkt: Ein Hacker-Pschorr.

1417 wurde dort wo heute die Gast- stätte Altes Hackerhaus steht, die Brauerei gegründet. Im 18. Jahrhundert unter dem Ehepaar Joseph Pschorr und Maria Theresia Hacker wuchs das Haus zu einer führenden Brauereien Münchens heran.

„Himmel der Bayern" so versteht sich

Hacker-Pschorr selbst und möchte damit das Lebens- und Liebenswerte an Bayern ausdrücken.

Seit 2007 wird das Hacker-Pschorr-Bier wieder in den traditionellen Flaschen mit Bügelverschluss verkauft.

Nockherberg um das Starkbierfest zu feiern. Insbesondere das Politiker-Derblecken (Veralbern), welches unter Leitung eines gewählten Bruder Barnabas stattfindet, führt alljährlich zur Belustigung des Publikums. Vielleicht liegt es auch am Starkbier, welches zart besaiteten Seelen schnell zusetzt und für Erheiterung sorgt.

⊕ Paulaner ist vor allem für das Weißbier und Starkbierfest bekannt

⊕ Blühte unter der Familie Brey auf und war einst größte Brauerei Deutschlands

Paulaner

1634 begannen die Paulaner Mönche im Kloster Neudeck ob der Au mit dem Bierbrauen, um die Fastenzeit zu überbrücken. Zunächst wurde das Bier nur an Festtagen öffentlich ausgeschenkt. Das Rezept des Starkbieres, das schnell sehr beliebt bei den Münchnern wurde, geht auf einen gewissen Bruder Barnabas zurück.

Bis heute hat sich die Beliebtheit des Paulaner Starkbieres gehalten. So treffen sich die Menschen alljährlich auf dem

Löwenbräu

Bis ins späte 14. Jahrhundert lässt sich die Geschichte der Löwenbräu-Brauerei in der Löwengrube zurückverfolgen. Im 19. Jahrhundert entwickelt sich der mittelgroße Betrieb unter der Familie Brey zur größten Brauerei Münchens.

Um 1900 war die Brauerei sogar die größte Deutschlands und bereits wegen des starken Wachstums in die Nymphenburger Straße umgezogen. Seit 1883 gibt es in unmittelbarer Nähe zur Brauerei den berühmten Löwenbräukeller direkt am Stiglmaierplatz.

Diesen finden Sie auch hier im Buch beschrieben und sollten Sie keinesfalls verpassen.

sie bis heute ihren Sitz hat. Dort können Sie heute noch das urige Bräustüberl besuchen. Kultstatus hat das Augustiner auch wegen seinem alten Flaschenformat, mit typisch breitem Bauch und kurzem Hals. Außerdem gibt es Augustiner noch in einigen Biergärten und auf dem Oktoberfest aus dem Holzfass, den so genannten Hirschen.

↑ Bier mit Kultstatus, obwohl Augustiner keine Werbung macht

↑ Weiße Schaufel roter Hintergrund, dieses Zeichen ist wohlbekannt in München

Augustiner

1328 gegründet gilt die Augustiner Brauerei als die älteste der Stadt. Das „August" oder „Gustel" wie es von den Münchnern liebevoll genannt wird, ist besonders für sein Helles Bier in der Münchener Kneipenszene beliebt. Die Brauerei hat ihre Wurzeln im Augustiner-Kloster in der Neuhauser Gasse. Die Brauerei zog im Zuge der Privatisierung im 19. Jahrhundert zunächst in die Neuhauser Straße 27 um, wo noch heute die beliebte Augustiner-Gaststätte existiert. Später zog sie in die Landsberger Straße, wo

Spaten

Die sechste Brauerei im Bunde ist die Spatenbrauerei. 1397 gegründet war Sie die ersten Jahrhunderte in der Neuhauser Gasse angesiedelt. Seit 1807 ist die Brauerei nun im Besitz der Familie Sedlmayer und zog bald in die Marsstraße um, ihrem heutigen Sitz. Jeder kennt den weißen Spaten auf rotem Hintergrund und ihren Slogan „Lass dir raten, trinke Spaten". Ganz so leicht fällt die Wahl des Bieres in München dann doch nicht, die Auswahl ist groß. Am Besten Sie gehen in die Biergärten und testen Sie alle.

Die **Biergärten**

"Gemütlichkeit ist die Relation von Zeit, Bier und Geld"

Gerhard Polt

So funktioniert der Gutschein:

Sie nehmen zwei Maß am Ausschank und gehen damit zur Kasse. Dort bezahlen Sie eine der beiden Maß, die andere ist für Sie gratis. Der Gutschein muss abgegeben werden und ist einmalig gültig.

Beide Maß müssen gleichzeitig gekauft werden und können nicht nacheinander erworben werden.

Nur für normales Helles oder Radler gültig, nicht für Weißbier / Russenmaß und andere Getränke anwendbar.

Nicht mit anderen Rabattaktionen oder Gutscheinen kombinierbar.

Nur im Selbstbedienungsbereich des Biergartens zu verwenden

Aufgrund des Wetters können die Öffnungszeiten von den angegebenen abweichen. Biergärten sind nicht ganzjährig geöffnet.

Die Gutscheine sind bis 31.12.2013 gültig.

Bier Gutschein 2für1
Zwei Maß Helles zum Preis von Einer

Gültig bis
31.12.2013
bei
Musterbiergarten

Viktualienmarkt

Multikulti im zentralsten Biergarten Münchens. Die eben gekauften Delikatessen genießen Sie zum Bier der Sechs Münchner Brauereien

→ Ein Plazerl zum Verweilen nach dem Stadtbummel oder in der Mittagspause

Münchens Viktualienmarkt ist weit über die Grenzen Bayerns hinaus für seine vielfältigen kulinarischen Köstlichkeiten bekannt und lockt zahllose Besucher in die Landeshauptstadt. So findet sich in mitten der Marktstände auch ein Biergarten, der nicht nur den Mitarbeitern, sondern auch Einheimischen, Angestellten aus den umliegenden Büros, gestresste Shopper oder auch Touristen als Zufluchtsort dient. Besonders hervorzuheben ist bei dieser Insel der Erholung neben der exponierten Lage, in direkter Nachbarschaft zum Marienplatz, auch das Bier.

In diesem Biergarten wechseln sich die sechs großen Münchner Brauereien mit dem Ausschank im Sechs-Wochenrythmus ab. Also nicht wundern, wenn das Bier jedes Mal anders schmeckt.

Striezi

Leichtfertiger Kerl, Strolch

Biergarten
1000 Plätze Selbstbedienung

Schankzeiten
Mo-So 10-22 Uhr

Spielplatz
Kein Spielplatz vorhanden

Bier
Biere aller sechs großen Brauereien im Wechsel

Spezialitäten
Münchner holen sich von den Ständen kulinarische Leckerbissen und setzen sich zum Verzehr mit einer Maß in den Biergarten. Einfach ausprobieren

Anschrift

Biergarten Viktualienmarkt
Viktualienmarkt 9
80331 Munich

biergarten-viktualienmarkt.com
089 291 659 93

MVV
Alle S-Bahnen, U3/U6 Station Marienplatz

Parken
Marienplatz Großgarage am Rindermarkt 16, kostenpflichtig

Rad
Möglich, aber im Gewimmel der Fussgänerzone anstrengend

Am Besten erreichen Sie den Viktualienmartk zu Fuß über die Fußgängerzone und den Marienplatz

Multikulti: Hier trift der Japaner auf den Bayer und der Preiß auf den Amerikaner

Bier Gutschein 2für1
Zwei Maß Helles zum Preis von einer

Gültig bis
31.12.2013
bei
Viktualienmarkt

*Angabe ohne Gewähr

Park **Café**

Urbanes Biergartenflair - direkt im Zentrum liegt in mitten des Alten Botanischen Gartens das Park Cafe

Im Sommer ist das Park Café nicht zuletzt wegen seiner zentralen Lage ein beliebter Treffpunkt

Bahnreisende erreichen diesen Biergarten bequem in nur drei Minuten zu Fuß vom Bahnhof. Obwohl das Park Cafe mitten im Herzen Münchens liegt, bekommt man hier vom Großstadttrubel nichts mit und kann bei einer leckeren Brotzeit und einem Hellen in Ruhe Kraft für den Einkaufsbummel tanken.

Das Park Cafe ist aber nicht nur für seinen zentralgelegenen Biergarten, sondern auch für seinen prall gefüllten Eventkalender bekannt. So sorgt beispielsweise am Sonntag eine Liveband mit

Gültigkeit:
nur im SB-Bereich,
nur für Helles / Radler,
nicht für Weizen / andere Biere,
nicht kombinierbar mit anderen
Rabattaktionen oder Gutscheinen

Außen & Innen -
Prunkvoll lautet hier
das Motto

Jazzmusik im wahrsten Sinne des Wortes für einen gelungenen Wochenausklang.

Wer auch im Winter nicht auf die Biergartenidylle verzichten will, der sollte den Winter-Biergarten besuchen. Dort wird den Gästen von November bis Sylvester beim Eisstockschießen und einem Glaserl Glüwein in der urigen Gartenhütte sicher schnell wieder warm.

MVV

Alle U/S/Tram-Bahnen zum HBF und Stachus von dort jeweils drei Minuten Fußweg

Anschrift

**Park Café
Sophienstraße 7
80333 München**

**www.parkcafe089.de
089 516 179 80**

Biergarten
1600 Plätze Selbstbedienung
200 Plätze Bedienbereich

Schankzeiten
Mo - So 10 - 22 Uhr

Spielplatz
Kleine Spielecke oder Spielplatz im Park nebenan

Bier
Hofbräu für € 7,80*

Spezialitäten
Saftige Kalbs-Spareribs in großen Portionen, selbstgemachter Obazda und sonstige bayerische Leckerbissen

Bier Gutschein 2für1
Zwei Maß Helles zum Preis von Einer

Gültig bis
31.12.2013
bei
Park Cafe

*Angabe ohne Gewähr

Löwenbräukeller

Seit 130 Jahren eine Institution in München: Am Stiglmaierplatz ist das Löwenbräu mit Biergarten und Bräustüberl zu Hause

Festlich & traditionell, der typische Anblick des Löwenbräukellers

Der Löwenbräukeller mit seinem imposanten Restaurant und dem angrenzenden Biergarten verleiht dem Stiglmeierplatz durch seine beeindruckende Architektur einen ganz besonderen Charm und Glanz. Das Wirtshaus zählt zu den tranditionellsten der Stadt und blickt auf eine lange Geschichte zurück. Dieses Jahr feiert der Löwenbräukeller, der im zweiten Weltkrieg teilweise zerstört aber anschließend wieder in verkleinerter Form aufgebaut wurde, sein 130-jähriges Bestehen und hat damit allen Grund zu feiern.

Heute bietet der Biergarten etwa 1.000 Sitzplätze und ist - wie es sich für einen echten Biergarten gehört - mit Kastanien bepflanzt.

Natürlich wird Löwenbräu und Franziskaner Weissbier ausgeschenkt, dazu offeriert die Küche Spezialitäten wie das original Schottenhammel Wiesn-Hendl, frische Flammkuchen sowie Klassiker der Münchner Küche.

Gültigkeit:
nur im SB-Bereich,
nur für Helles / Radler,
nicht für Weizen / andere Biere,
nicht kombinierbar mit anderen
Rabattaktionen oder Gutscheinen

Gemütliches Beisammensein - hier treffen Münchner und Touristen aufeinander und stoßen gemeinsam an

Anschrift

Löwenbräukeller
Nymphenburger Straße 2
80335 München

www.loewenbraeukeller.com
089 547 266 90

Biergarten
650 Plätze Selbstbedienung
350 Plätze Bedienbereich

Schankzeiten
Mo - So 10 - 23 Uhr

Spielplatz
kein Spielplatz vorhanden

Bier
Löwenbräu Original Hell für ca.
€ 8,00*

Spezialitäten
Schottenhamel Oktoberfest-
Hendl, Flammkuchen und viele
andere bayerische Schmakerl

MVV
U1 & U7 sowie
Tram 20 & 21
Haltestelle Stiglmaierplatz
direkt vor dem Haus

Parken
An der Straße

Rad
Radwege auf der Nympenburger
und Dachauer Straße

Info
Biergarten & Bräustüberl sind
barrierefrei

*Angabe ohne Gewähr

Bier Gutschein 2für1
Zwei Maß Helles zum Preis von Einer

Gültig bis
31.12.2013
bei
Löwenbräukeller

Seehaus im Englischen Garten

Der Hotspot am Wasser und mitten im Zentrum des Englischen Gartens:
Im Seehaus treffen sich Schwabinger, Studenten und Radler

Traumhaft gelegen am Kleinhesseloher See inmitten des
Englischen Gartens

Mitten im schön-
sten Stadtpark
der Welt, direkt
am Kleinhes-
seloher See
lädt die "Insel
der Seeligen", das Seehaus,
zum Verweilen ein. Ob Haxn,
Rollbraten, Hendl oder andere
Biergartenklassiker - hier lässt
die Karte keine Wünsche
offen. Fleisch und Wurstwaren
kommen hauptsächlich aus
der hauseigenen Metzgerei
der Familie Kuffler. Für die

figurbewussten Madl gibt es
eine große Auswahl an leich-
ter Kost wie Antipasti-Teller,
Parmesan mit Oliven oder
Räucherlachs.

Wo die Madl san, da dürfen
die Burschen nicht fehlen.
Im Seehaus lautet das Motto
"sehen und gesehen werden".

Im Winter lassen sich
am Kleinhesseloher See die
wenigen Sonnentage perfekt
bei Kakao, Blechkuchen sowie
Eintöpfen aus dem Seehaus
genießen.

Gültigkeit:
nur im SB-Bereich,
nur für Helles / Radler,
nicht für Weizen / andere Biere,
nicht kombinierbar mit anderen
Rabattaktionen oder Gutscheinen

Biergarten
2500 Plätze Selbstbedienung
180 Plätze Bedienbereich

Schankzeiten
Mo - So 11 - 23 Uhr
ganzjährig geöffnet

Spielplatz
Komplett umzäunt mit Piratenschiff, Schaukel & Rutsche

Bier
Paulaner, Bierpreis stand zum Redationsschluß noch nicht fest

Spezialitäten
Fleischwaren aus eigener Metzgerei. Kuchen aus eigener Patisserie, leichte Gerichte für Damen, extras für Kinder wie der Kinder-Brotspieß

Anschrift
Seehaus im Englischen Garten
Kleinhesselohe 3
80802 München

www.kuffler.de
089 381 61 30

MVV
U3 / U6 Münchner Freiheit und kurzer Spaziergang durch den Englischen Garten oder Bus 144 bis Osterwaldstraße

Parken
Auf Zufahrtsstraße Gyßling-Straße kostenfrei oder kostenpflichtig vor dem Seehaus (BRK)

Rad
Radwege Englischer Garten oder der Isarradweg führen direkt bis vor das Seehaus, viele Fahrradständer vorhanden

Vor dem Biergarten geht's auf "hohe" See mit dem Paddelboot

*Angabe ohne Gewähr

Bier Gutschein 2für1
Zwei Maß Helles zum Preis Von Einer
Gültig bis 31.12.2013
im Seehaus im Englischen Garten

Hirschau

Der familienfreundliche Biergarten im Englischen Garten

Die historischen Gebäude der Hirschau liegen im Landschaftsschutzgebiet des Englischen Gartens

Hirsche gibt es hier zwar schon lange nicht mehr, süffiges Bier und feine Hausmannskost aber noch immer. Die Hirschau erfreut sich bei Familien, Spaziergängern und Radlfahrern großer Beliebtheit, nicht zuletzt wegen ihrer wunderschönen Lage im nördlichen Teil des Englischen Gartens.

Wo früher Hirsche und Rehe lebten, warten heute bayerische Schmankerl und frisch gezapftes Löwenbräu-Bier auf hungrige Mäuler. Familienfreundlichkeit wird großgeschrieben. Für die Kleinen stehen Klettergerüst, Piratenschiff & Co. bereit, für die Großen elf Tennisplätze. So kann es schon mal vorkommen, dass waschechte Bayern in Lederhosen neben Tennisspielern im Sportdress gemeinsam auf einer Bierbank sitzen. An den heißen Tagen spenden die großen, altehrwürdigen Bäume des Englischen Gartens angenehmen Schatten. Seit diesem Jahr wird die Hirschau von der Wirtsfamilie Hagn & Spendler geführt, die frischen Wind in das Anwesen bringen wird.

ltigkeit:
r im SB-Bereich,
r für Helles / Radler,
cht für Weizen / andere Biere,
cht kombinierbar mit anderen
battaktionen oder Gutscheinen

In der Hirschau wird seit diesem Jahr Löwenbräu-Bier ausgeschenkt, unter anderem auch der süffige Urtyp

Anschrift

Hirschau
Gyßlingstraße 15
80805 München

www.die-hirschau.de

Biergarten
2000 Plätze Selbstbedienung
120 Plätze Bedienungsbereich

Schankzeiten
Mo - So ab 11 Uhr
bis die letzten Gäste gehen

Spielplatz
Ca. 1000 Quadratmeter Spielplatz
inkl. Rutsche, Tischtennisplatte,
Klettergeräten, Tische und Bänke
für Kinder

Bier
Löwenbräu, Bierpreis stand bei
Redaktionsschluss noch nicht fest

Spezialitäten
Brotzeitstandl mit Biergarten-
schmankerl, Fischer-Vroni-
Steckerlfisch, Kaffee & Kuchen,
Eis, sowie ein Caipirinha-Stand

MVV
U6 bis Dietlindenstraße &
Spaziergang durch den Park oder
mit Bus 144 bis Osterwaldstaße

Parken
70 Parkplätze am Haus

Rad
Radwege im Englischen Garten,
Fahrradabstellplätze vor der
Haustür

Bier Gutschein 2für1
Zwei Maß Helles zum Preis von Einer
Gültig bis
31.12.2013
in der
Hirschau

Mini Hofbräuhaus

Das Mini heißt für die Gäste, alles ein bisschen münchnerischer, kleiner, sympathischer, persönlicher und vor allem grüner

Natur pur: das Mini HB im Grünen mit laufendem Grillbetrieb

Mitten im Nordteil des Englischen Gartens treffen sich die großen und kleinen Zwei- und Vierbeier im Mini HB. Herzlich familiär geht es zu - 365 Tage im Jahr, egal ob im Sommer im Biergarten oder im Winter im Zelt samt Feuerstelle und Christbaum.

Der Schweinsbraten wird hier zum Festbraten. Streng nach dem Schweinsbraten-reinheitsgebot mit G'würz & G'müß im Rohr gegart übergiesst ihn der Koch mit reichlich Bier für eine resche Kruste. Das offenfrische Schmankerl gibt es zudem zum sensationell günstigen Preis von 5,90* Euro. Bei dem Preis lässt so mancher die Brotzeit dann doch lieber zu Hause. Das Bier, frisch vom Fass und preislich ebenso ein Traum, mundet dem Münch-ner ebenso wie den Touristen.

Alles in allem bietet das Mini HB einen kleinen, aber feinen Biergarten mit konkurrenzlosen günstigen Preisen.

Gültigkeit:
nur im SB-Bereich,
nur für Helles / Radler,
nicht für Weizen / andere Biere,
nicht kombinierbar mit anderen
Rabattaktionen oder Gutscheinen

Im Mini HB geht es nicht nur den Zweibeinern gut. Auch Hunde sind hier herzlichst willkommen und gesellen sich zu Ihresgleichen.

Anschrift

Mini Hofbräuhaus
Gyßlingstraße / Am Gleisweg
80805 München

www.minihofbraeuhaus.de
089 36 100 880

Wirtsgarten
150 Plätze Selbstbedienung. Wirtsgarten, bitte keine eigenen Speisen mitbringen

Schankzeiten
Mo - So ab 9 Uhr

Bier
Hofbräu für € 5,90*

Spezialitäten
Schweinsbraten für 5,90* Euro sowie andere bayerische Spezialitäten

MVV
U6 bis Nordfriedhof & 15 Minuten Spaziergang durch den Park

Parken
Schwedenstraße im Westen, Gyßlingstraße im Osten & 5-10 Minuten Spaziergang durch den Englischen Garten

Rad
Durch den Englischen Garten direkt bis ans Mini HB

Bier Gutschein 2für1
Zwei Maß Helles zum Preis von Einer

Gültig bis 31.12.2013 bei Mini Hofbräuhaus

*Angabe ohne Gewähr

Sankt Emmeramsmühle

Bereits im 14. Jahrhundert urkundlich erwähnt, interpretiert der Wirt direkt am Englischen Garten regionale Küche heute ganz neu

Die Gebäude der ehemaligen Mühle beheimaten heute einen Biergarten

Historisches Flair gepaart mit einer Portion Tradition erleben Biergartenbesucher am nordöstlichen Ende des Englischen Gartens. In der St. Emmeramsmühle, einer alten Getreidemühle, lassen sich idyllische Atmosphäre und historische Gemäuer mit einem Blick ins Grüne kombinieren und verhelfen so gestressten Seelen zu Erholung und neuer Kraft. Die Geschichte der Mühle geht zurück bis zur Stadtgründung Münchens und gewährt so einen Einblick in längst vergessene Zeiten.

Der Clou: Die Emmeramsmühle hat für seine Kunden einen ganz besonderen Service in petto. Auf Anfrage stellt das Gasthaus einen Picknickwagen samt Decke, Sonnenschirm, Köstlichkeiten und leckeren Erfrischungen für wahlweise zwei, vier oder sechs Personen bereit. Perfekt für ein romantisches Picknick im Park oder einen lustigen Sonntag mit Freunden.

Gültigkeit:

nur für Helles / Radler,
nicht für Weizen / andere Biere,
nicht kombinierbar mit anderen
Rabattaktionen oder Gutscheinen

Mit dem Picknickkorb-Service können Sie ganz entspannt Ihren Schatz in den E-Garten entführen (Reservierung nötig)

Anschrift

St. Emmeramsmühle
St. Emmeram 41
81925 München

www.emmeramsmuehle.de
089 953 971

Biergarten
800 Plätze Selbstbedienung
200 Plätze Bedienbereich

Schankzeiten
Mo-Sa 11 - 23:30 Uhr
So 10 - 23:30 Uhr

Bier
Spaten für € 7,00*

Spielplatz
Zwei Spielplätze und umliegende Wiesen

Spezialitäten
Modern interpretierte Regional-küche und traditionelle bayerische Spezialitäten

MVV
Tram 16 & 18 bis St. Emmeram, U3/U6 bis Studentenstadt, dann mit Metrobus 50 bis St. Emmeram

Parken
Zahlreiche Parkmöglichkeiten vor dem Haus bei schönem Wetter mit dem Parkservice des Hauses

Rad
Durch den Englischen Garten oder über den Isarradweg

Von weitem zeigt sich die prächtig gelegene Emmeramsmühle in ihrer ganzen Schönheit

*Angabe ohne Gewähr

Gasthof **Feringasee**

Am Feringasee, dem Eldorado für Frischluftfanatiker erwartet die
Gäste ein typisch bayerischer Biergarten

Eldorado für Münchner
Erholungssuchende

Dass Biergarten und Stadtstrand zusammenpassen beweist Familie Faltermaier am Feringasee seit 30 Jahren. Im Sommer ist der See ein Eldorado für die gestressten Einheimischen auf der Suche nach etwas Erholung und vor allem Erfrischung. Was könnte besser zum Sprung ins kühle Nass passen als danach eine frischgezapfte Maß Bier - die Erfrischung von Außen und Innen sozusagen.

Nicht kommerziell, sondern traditionell geht es am Feringasee zu. So dürfen Gäste hier auch gerne mit dem prallgefüllten Picknickkorb anreisen. Wer gerade nichts zuhause hat, kein Problem: Je nach Saison haben Hungrige die Qual der Wahl zwischen Köstlichkeiten aus Wald, Flur, Luft und Meer.

Übrigens: Der Biergarten am Feringasee ist ganzjährig teilbestuhlt, damit steht dem Vergnügen auch im Winter nichts im Wege.

Gültigkeit:
nur im SB-Bereich,
nur für Helles / Radler,
nicht für Weizen / andere Biere,
nicht kombinierbar mit anderen
Rabattaktionen oder Gutscheinen

Massive Holzgarnituren sorgen für bajuwarisches Flair

Anschrift

Gasthof Feringasee
Am Feringasee 1
85774 Unterföhring

www.gasthof-feringasee.de
089 950 53 75

Biergarten
800 Plätze Selbstbedienung
160 Plätze Bedienbereich

Schankzeiten
Mo - So 10 - 22.30 Uhr

Spielplatz
Mehrere Spielplätze rund um den
See, Beach-Volleyball-Feld

Bier
Spaten für € 6,60*

Spezialitäten
Steckerlfisch, Spareribs, Chicken
Wings, Obazda

MVV
S8 Unterföhring, und ca. 1,5km
Fußweg. oder Bus 188 & 233
ebenfalls bis Unterföhring

Parken
2500 Parkplätze (im Sommer
kostenpflichtig)

Rad
Über zahlreiche Rad und Feld-
wege anfahrbar. Isarradweg bis
Unterföhring, danach der Beschil-
derung folgen

Gestandener Biergar-
ten am Badesee

*Angabe ohne Gewähr

Bier Gutschein 2für1
Zwei Maß Helles zum Preis von Einer
Gültig bis
31.12.2013
bei
Gasthof Feringasee

Wirtshaus & Biergarten **Leiberheim**

In Münchens Südosten ist das Leiberheim ein typisch bayerischer, urgemütlicher und kinderfreundlicher Biergarten

↑ **Der Biergarten Leiberheim ist der einzige in München, der Bier aus der Familienbrauerei Erharting ausschänkt**

Leiber ist der Volkstümliche Spitzname für die Angehörigen des Bayerischen Infanterie-Leib-Regiments, welches in Friedenszeiten die Ehre hatte, Dienst in der Nähe des König zu tun. 1907 wurde zur Erholung der Leiber das Leiberheim errichtet, welches wir heute als althergebrachtes Ausflugslokal in Münchens Südosten kennen. Regelmäßig auftretende Blasmusik ist in diesem Ambiente ein High-

light. Dazu ist das am Grill, im Ganzen knusprig gebratene Spanferkel ein Schmankerl für Auge und Gaumen.

Egal wie man es dreht und wendet, das Leiberheim ist ein Prachtstück der Münchner Biergartenkultur und falls einen der Weg nicht zufällig dort hinführt, sollte man einen Ausflug planen.

Während sich die Kinder am großen Spielplatz vergnügen, können die Eltern die Brotzeit genießen und dabei das kostenfreie WLAN nutzen.

Gültigkeit:
nur im SB-Bereich,
nur für Helles / Radler,
nicht für Weizen / andere Biere,
nicht kombinierbar mit anderen
Rabattaktionen oder Gutscheinen

Leckereien der süd-
deutschen Küche:
Frischkäseschmankerl

Anschrift

Wirtshaus Leiberheim
Nixenweg 9
81739 München

www.leiberheim.de
089 43 00 000

Biergarten

2000 Plätze Selbstbedienung
180 Plätze Bedienbereich

Schankzeiten

Mo - Sa 14 - 23 Uhr
So 11 - 23 Uhr

Spielplatz

Großer Spielplatz mit Bobbycar,
Netzschaukel, Klettergerüsten
und Rutschen, alles umzäunt

Bier

Familienbrauerei Erharting
für € 6,70*

Spezialitäten

Bayerische Spezialitäten wie
Frischkäseschmankerl bis hin zu
mediterranen Leckereien

MVV

S1 Neubiberg, Buslinie 55 bis
Waldperlach, Buslinie 199 Neubiberg, Barbarossastraße

Parken

Ausreichend vorhanden

Info

Im Winter (Nov. bis April) bietet
die Volksbühne Neubiberg-
Ottobrunn verschiedene Theater-
stücke im großen Saal dar

Spezielle Biere
werden im Leiber-
heim immer noch in
Erhartinger Tonkrü-
gen ausgeschänkt

*Angabe ohne Gewähr

Bier Gutschein 2für1
Zwei Maß Helles zum Preis von Einer
Gültig bis
31.12.2013
bei
Wirtshaus Leiberheim

Alter Wirt **Ramersdorf**

Hervoragende Verkehrsanbindung gepaart mit Müncher
Gepflogenheiten - der Alte Wirt hat seine Gemütlichkeit behalten

Ob Ribberl oder Hendl beim
Oiden Wirt da schmeckts

Auch in München gibt es einen Ort, der sich - fernab des Trubels und der Hektik und dennoch mittendrin - so gar nicht nach Großstadt anfühlt. Dörfliche Idylle, die zweitälteste Wallfahrtskirche Bayerns und der Alter Wirt: das ist der Münchner Stadtteil Ramersdorf.

Hier regiert noch die Gemütlichkeit und Ruhe. Bodenständigkeit wird hier großgeschrieben, während die Gäste im Sommer unter dem grünen Blätterhimmel der stämmigen Kastanien den lauen Sonnenuntergang genießen. Die günstige Verkehrsanbindung macht diesen Biergarten nicht nur attraktiv für Münchner sonder auch für Durchreisende und Busse. Ein typischer bayerischer Biergarten mit gutbürgerlichem, ehrlichem Essen.

Bei gutem Wetter schmeißt der Chefkoch den Holzkohlegrill an und kredenzt dann Steckerlfisch und Steaks.

Gültigkeit:
nur im SB-Bereich,
nur für Helles / Radler,
nicht für Weizen / andere Biere,
nicht kombinierbar mit anderen
Rabattaktionen oder Gutscheinen

Auszogne

Volkstümliche Tanz-gruppe beim Tanz in den Mai

Anschrift

Alter Wirt in Ramersdorf
Aribonenstraße 6
81669 München

www.alterwirt-muenchen.de
089 689 18 62

Biergarten
400 Plätze Selbstbedienung
400 Plätze Bedienbereich

Schankzeiten
Mo - So 9.30 - 23 Uhr

Spielplatz
Gut einsehbarer Spielplatz mit Schaukel und Sandkasten

Bier
Augustiner für € 6,50*

Spezialitäten
Gutbürgerliches Essen, an schönen Tagen wird der Holz-kohlegrill angeheizt

MVV
U2 & U7 bis Karl-Preis-Platz, ca. 500 Meter Fußweg Rosenheimer Straße stadtauswärts

Parken
Gute Verkehrsanbindung über Mittleren Ring und A8, Buspark-bucht vor der Tür.

*Angabe ohne Gewähr

Bier Gutschein 2für1
Zwei Maß Helles zum Preis von Einer
Gültig bis
31.12.2013
bei
Alter Wirt Ramersdorf

Biergarten am **Muffatwerk**

Münchens erster zertifizierter Ökobiergarten ist erfrischend anders und lockt vor allem junges Publikum

Jünger & alternativer als in traditionellen Biergärten ist hier das Publikum. Perfekt vor dem Konzert oder Club

G'sund geht es hier zu: Im Biergarten am Muffatwerk werden die Gäste mit Speisen aus ökologischem Anbau bedient und ist somit ein zertifizierter Ökobiergarten. Die Küche kombiniert Biergartenklassiker mit mediterranen Einflüssen und leichten vegetarischen Gerichten. Sprich im Muffatwerk kommt jeder auf seine Kosten. Die Getränkekarte bietet neben frischem Hofbräu vom Faß ein naturtrübes Ökobier der Brauerei Lammsbräu und vollmundige Weine.

Die Lage am 70 Kilometer langen Isarfahrradweg, der von Wolfratshausen nach Freising führt, lockt viele Radler auf ihrer Tour auf einen Besuch in den Biergarten neben dem denkmalgeschützten Industriebauwerk einzukehren.

In der Muffathalle, im selben Gebäude, finden häufig Konzerte statt. Darum findet sich hier zumeist junges Publikum vor dem Konzert, Theater oder der Kneipentour.

Gültigkeit:
nur im SB-Bereich,
nur für Helles / Radler,
nicht für Weizen / andere Biere,
nicht kombinierbar mit anderen
Rabattaktionen oder Gutscheinen

Der Biergarten am
Muffatwerk ist bereits
ab Mittag geöffnet
und lädt zur Brotzeit
und zum Verweilen
ein

Anschrift

Muffatwerk
Zellstraße 4
81667 München

www.muffatwerk.de
089 458 750 73

Biergarten
400 Plätze Selbstbedienung

Schankzeiten
Mo - So 12 - open end

Spielplatz
Sandkasten mitten im Biergarten

Bier
Hofbräu für € 7,00*

Spezialitäten
Breit gefächertes, ökologisch aus-
gerichtetes Angebot. Klassische
Biergartenkost mit mediterranen
Einflüssen und leichten veg-
etarischen Gerichten.

MVV
S1 - S8 Haltestelle Rosenheimer
Platz oder Isartor (von Dort aus-
beschildert)
Tram 18 Am Gasteig
Tram 15 & 25 Rosenheimer Platz

Parken
Parkplatz vor der Tür, alternativ in
der Parkgarage Gasteig oder im
Hilton Hotel Rosenheimer Straße

Rad
Auf dem Isarradweg fährt man
direkt am Muffatwerk vorbei.
Ausreichend Fahrradständer im
Eingangsbereich.

*Angabe ohne Gewähr

Bier Gutschein 2für1
Zwei Maß Helles zum Preis von Einer

Gültig bis
31.12.2013
bei
Biergarten
am Muffatwerk

Paulaner **Bräuhaus**

Das Paulaner Bräuhaus lockt mit saisonalen Hausbieren und bajuwarischen Leckerbissen

Resche Kruste -
genau so muss die
Schweinshaxn
aussehen

Paulaner ist eine der sechs großen Brauereien Münchens. Im Bräuhaus an der Kapuzinerstraße schmeckt es besonders lecker, da hier die Sudkessel im eigenen Haus noch betrieben werden. Bierbrauen hat bei Paulaner eine sehr lange Tradition. Im Jahre 1889 wurde von Paulaner das erste Münchner Hell als Vollbier gebraut. Sowohl in der Bierhalle als auch im Biergarten selbst werden neben dem Hellen auch Dunkles und Weißbier ausgeschenkt. Zudem gibt es als besondere Gaumenfreude die hauseigenen Saisonbiere.

Der neue Wirt will diesen Biergarten im Geiste dieser lange Tratition weiterführen und seinen Gästen beste bayerische Gerichte und Hausbiere anbieten. Falls Petrus bei Ihrem Besuch nicht mitspielt, sollten Sie sich in das Bräuhaus setzen und Ihr Bier neben kupferfarbenen Braukesseln und in traditionellen Ambiente geniesen.

Gültigkeit:
nur im SB-Bereich,
nur für Helles / Radler,
nicht für Weizen / andere Biere,
nicht kombinierbar mit anderen
Rabattaktionen oder Gutscheinen

Obazda & Grieben-
schmalz angerichtet
für die Brotzeit

Anschrift

Paulaner Bräuhaus
Kapuzinerplatz 5
80337 München

www.paulaner-brauhaus.com
89 544 61 10

Biergarten
600 Plätze Selbstbedienung
200 Plätze Bedienbereich

Schankzeiten
Mo - So 11- 22 Uhr

Spielplatz
Kleiner Spielplatz vorhanden

Bier
Paulaner für € 7,50*

Spezialitäten
Bayerisch traditionell

MVV
Bus 58 direkt vom HBf bis Kapuz-
inerplatz
U3 & U6 bis Goetheplatz
(Ausstieg Richtung Arbeisamt)

Parken
Straßenparken

Rad
Radweg an der Kapuzinerstraße,
lediglich 500 Meter zum Isarradweg an der Wittelsbacher Brücke

Qualitätskontrolle ist
hier Chefsache - Im
Paulaner wird nichts
dem Zufall überlassen

*Angabe ohne Gewähr

Bier Gutschein 2für1
Zwei Maß Helles zum Preis von Einer

Gültig bis
31.12.2013
bei
Paulaner Bräuhaus

Wirtshaus zum Isartal

Vielseiteiger Wirtsgarten in dem Asia-Ambiente auf bayerische Gemütlichkeit trifft

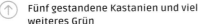

↑ Fünf gestandene Kastanien und viel weiteres Grün

↑ So gemütlich und ruhig kann es unweit des Mittleren Rings sein

Romantische Lampions erhellen die Nacht, leise plätschert der Brunnen und umrandet wird die Szenerie von einem Bambuszaun: Im Wirtshaus zum Isartal erleben die Gäste eine ganz besondere Mischung. Hier trifft Biergarten auf Asien. Wie in einer kleinen asiatischen Pagode können die Gäste hier mitten im Grünen - zwar nicht urbayerisch, dafür aber von der Abendzeitung preisgekrönt für die außergewöhnliche Inszenierung - ihr Helles genießen.

Im Theatersaal des Hauses erwartet die Besucher ein vielseitiges Programm.

Pagode und Lampions sorgen für fernöstliches Flair

Falls das Wetter mal nicht mitspielt, hat das Wirtshaus seinen Gästen ein weiteres Highlight zu bieten: das Restaurant "Zum blinden Engel", wo die Gäste sich im Dunkeln ganz auf ihren Geschmackssinn konzentrieren und leckere Köstlichkeiten schlemmen.

MVV
U3 Brudermühlstraße,
Bus 54 Schäftlarnstraße

Parken
Straßenparken teils gratis

Rad
Ein Steinwurf vom Isarradweg auf Höhe Brudermühltunnel

Anschrift

Wirtshaus zum Isartal
Brudermühlstraße 2
81371 München

www.wirtshaus-zum-isartal.de
089 77 21 21

Wirtsgarten
420 Pläze alles Bedienbereich, Wirtsgarten, bitte keine eigenen Speisen mitbringen

Schankzeiten
Mo-Fr 11 - 1 Uhr
Sa-So 10 - 1 Uhr

Spielplatz
Kein Spielplatz vorhanden

Bier
Augustiner vom Holzfass
für € 6,60*

Info
Im Wirtshaus befindet sich eine Volksbühne, mit zahlreichen kulturellen Ereignissen von Theater bis Konzert

Bier Gutschein 2für1
Zwei Maß Helles zum Preis von Einer
Gültig bis 31.12.2013
bei
Wirtshaus zum Isartal

*Angabe ohne Gewähr

Gasthaus **Siebenbrunn**

Ein malerischer Biergarten vor einem alten Farmhaus mit
fränkischer Küche im Grünen

↑ Das alte Farm-
haus beheimatet
heute den Bier-
garten

Über sieben Brunnen musst du geh'n und ein kühles Blondes dir zugesteh'n... und zwar direkt auf Höhe des Münchner Zoos Hellabrunn an der Isar.

Hier im Gasthaus Siebenbrunn, das beim Verlassen des Zoos schon von Weitem die Besucher mit einer Erfrischung lockt, lassen sich die Strapazen des Zoobesuchs im Nu vergessen und neue Energie tanken. Falls die Kids immer noch nicht ausgepow-

ert sind, stehen Trampolin und Co. bereit. Bei moderaten Preisen kann man sich bayerisch-fränkische Spezialitäten schmecken lassen. Mit Leckereien wie Schäufele, saure Zipfel oder Karpfen sowie frischem Kartoffelsalat und selbst gebackenem Brot verwöhnt der Wirt die Gäste.

Sollten Sie also im Sommer über den Flaucher die Isar hinunter radln, lohnt sich ein Abstecher ins Gasthaus Siebenbrunn - auch unabhängig vom Zoobesuch.

Gültigkeit:

nur für Helles / Radler,
nicht für Weizen / andere Biere,
nicht kombinierbar mit anderen
Rabattaktionen oder Gutscheinen

Dibbfalschaissa

Pedant,
Korinthenkacker,
Kleinkrämer

Herzhafte Brotzeit
und zünftiges Bier

Anschrift

Gasthaus Siebenbrunn
Siebenbrunner Straße 5
81543 München

www.gasthaus-siebenbrunn.de
089 800 33 777

Biergarten
750 Plätze Selbstbedienung
250 Plätze Bedienbereich

Schankzeiten
Mo - Sa 17 - open end
So 12 - open end

Spielplatz
Ausgiebige Spielgelegenheiten,
zwei Trampoline, Wiese zum
Spielen

Bier
Spaten für € 6,60*

Spezialitäten
Gutbürgerliche fränkische Küche
mit Schäufele, saure Zipfel,
Karpfen (saisonal), Speisen wie
Brot, Obazda oder Kartoffelsalat
werden hier noch selbst gemacht

MVV
U2 bis Thalkirchen oder
Bus 52 bis Allemannenstrasse

Parken
ca. 50 Parkplätze vor dem Haus

Rad
Beim Tierpark den Isarradweg
verlassen und nach einem
Schwenk steht man vor der Tür

Die Maibaumfeier im
Jahr 2012

*Angabe ohne Gewähr

Bier Gutschein 2für1
Zwei Maß Helles zum Preis von Einer

Gültig bis
31.12.2013
bei
Gasthaus
Siebenbrunn

Harlachinger **Einkehr**

In diesem gemütlichen Familienbetrieb bekommen Sie Elefanten-
trompeten und Biergartenschmankerl, die es sonst nirgendwo gibt

Hier kehren die Einwohner der Landeshauptstadt
bereits sein 153 Jahre ein

Drei Generationen, ein Biergarten: Wer in der Harlachinger Einkehr durch die Türe geht spürt Sie sofort, diese familäre Herzlichkeit, mit der hier die Gäste aufgenommen werden. Hier auf dem Hochufer der Isar auf Höhe des Taufkirchner Zoos scheint die Welt noch in Ordnung, kein Stress, keine Hektik. Nur ab und an ertönt das Trompeten der Elefanten oder ein kleiner Tumult aus dem Affenhaus. Wie es sich für einen echten Biergarten gehört, darf auch hier die Brotzeit selbst mitgebracht werden.

Gültigkeit:
nur im SB-Bereich,
nur für Helles / Radler,
nicht für Weizen / andere Biere,
nicht kombinierbar mit anderen
Rabattaktionen oder Gutscheinen

Das Logo ist Programm und zeigt die Verbundenheit zum nahegelegenen Zoo

Bereits ab Januar sitzen hier die ersten Gäste auf der windgeschützten Sonnenterasse und genießen die stärker werdende Sonne und die angenehme Ruhe. Zwei Tipp für Sparfüchse: Die Weißwürstl gibt es bis 11.30 Uhr für sensationelle 98 Cent und die Happy-Maß von 16 - 18 und ab 22 Uhr für nur 5 Euro.

MVV
Tram 15 & 25 bis Tiroler Platz

Parken
Kleiner Parkplatz direkt vor dem Haus, ansonsten an der Straße

Rad
Auf dem Isarradweg auf Höhe Zoo abbiegen und den Anstieg aufs Hochufer nehmen

Anschrift

Harlachinger Einkehr
Karolinger Allee 34
81545 München

www.harlachinger-einkehr.de
089 642 090 93

Biergarten
800 Plätze Selbstbedienung
200 Plätze Bedienbereich

Schankzeiten
Mo - Fr ab 14 Uhr
Sa ab 12 Uhr, So ab 14 Uhr, jeweils bis die letzten Gäste gehen

Bier
Augustiner für € 6,80*

Spielplatz
Gut einsehbarer Spielplatz mit Trampolin

Spezialitäten
Spareribs, Steckerlfisch und weitere Biergartenklassiker, außerdem abwechslungsreiche Specials wie Tafelspitz oder Enten

Bier Gutschein 2für1
Zwei Maß Helles zum Preis von Einer
Gültig bis 31.12.2013
bei
Harlachinger Einkehr

*Angabe ohne Gewähr

Mangostin Garden

Crossover der Kulturen, bayerische gemütlichkeit kombiniert mit fernöstlichen Trends im Mangostin Lounge Garden

Gemütliche Loungebe-
stuhlung sorgt für einen
relaxten Ausklang des Tages

Der Mangostin Garden, geführt von den Kufflers und Joseph Peter, vereint als erster asiatischer Biergarten bayerische Tradition mit der fernöstlichen Kultur. Gemütliche Korbmöbel und intime Sitzgruppen unterstreichen das ganz besondere Flair des Lounge-Biergartens. Hier fühlen sich alle wohl - Familien, Geschäftsleute, frisch Verliebte und Feinschmecker, die eine Abwechslung zu Hendl, Obazda & Co.

suchen. An der Palm Court Bar mixt der Barkeeper Highlights aus der Cocktailkarte wie den Sake „light". Zudem wartet die Küche mit einem großen Open Air Grill, einer kalten Wok´in-Salad Station und köstlichen Currys sowie knackig frischen Wokgerichten auf.

Der Mangostin Garden ist ein guter Tipp für eine exotische Stärkung nach einem Besuch des nahegelegenen Tierparks oder Maria-Einsiedel Freibades.

Gültigkeit:
nur im SB-Bereich,
nur für Helles / Radler,
nicht für Weizen / andere Biere,
nicht kombinierbar mit anderen
Rabattaktionen oder Gutscheinen

Asiatische Biergarten-
kultur in München

Anschrift

Mangostin
Maria-Einsiedel-Str. 2
81379 München

www.mangostin.de
089 723 20 31

Wirtsgarten
450 Plätze Bedienbereich
Wirtsgarten, bitte keine eigenen
Speisen mitbringen

Schankzeiten
Mo-Sa 16 - 23 Uhr
So 10 - 23 Uhr

Spielplatz
Große Hängematten, kleiner
Kletterturm

Bier
Löwenbräu

Spezialitäten
Offenen Wok-Küche, Salatstation,
Thaifood Spezialitäten und Cur-
rys. Palm Court Bar mit Cocktails

MVV
U3 Haltestelle Tierpark

Parken
In den umliegenden Straßen
unproblematisch.

Rad
Isarradweg bis Thalkirchner
Brücke

An der Palm Court
Bar werden fruchtige
Cocktails gemixt

*Angabe ohne Gewähr

Bier Gutschein 2für1
Zwei 0,5 L Helle zum Preis von einem

Gültig bis
31.12.2013
bei
Mangostin Garden

Gasthof **Hinterbrühl**

Hier sitzt man unter Kastanien mit Blick auf die Isar und die vorbeifahrenden Flößer - eine Perle der südlichen Isarauen

↑ **In Hinterbrühl treffen sich Flößer & Touristen auf ein zünftiges Stelldichein**

Der Gasthof Hinterbrühl liegt am Rande eines Naherholungsgebietes, dem Hinterbrühler See, der unweit der Isar im Süden Münchens Radler aus dem In- und Umland zu einer Radltour lockt.

Und was könnte ein besseres Ziel für eine kleine Pause sein als eine Maß Hacker-Pschorr auf der Terrasse des Gasthofs Hinterbrühl am See, wo man die einfahrenden Isarflößer aus Wolfratshausen willkommen heißen kann.

Für das leibliche Wohl sorgen Wurstsalat, Spareribs oder Obazda. Der Clou im Biergarten: Im Herbst lässt es sich hier - der Untertisch-Hei-

Gültigkeit:

nur für Helles / Radler,
nicht für Weizen / andere Biere,
nicht kombinierbar mit anderen
Rabattaktionen oder Gutscheinen

Die Isarflößer aus Wolfratshausen kommend passieren den Biergarten am Ende Ihres Weges

zung sei Dank - auch abends noch gemütlich draußen sitzen.

Der Gastronomiepreis Oberbayern ehrte den Gasthof als "schönster Biergarten" - vielleicht auch wegen der Happymaß für 4,99 Euro von 15 bis 18 Uhr (nicht mit dem Biergartenguide-Gutschein kombinierbar).

MVV
S7 Solln, oder
U3 Thalkirchen + Bus 135

Parken
Reichlich Parkgelegenheit

Rad
Radweg an der Isar führt fast vor dem Haus vorbei. Zudem gibt es einen Radlparkplatz.

Anschrift

Gasthof Hinterbrühl
Hinterbrühl 2
81479 München

www.gasthof-hinterbruehl.de
089 794 494

Biergarten
1000 Plätze Selbstbedienung
350 Plätze Bedienbereich

Schankzeiten
Mo-So 10 - 22 Uhr

Bier
Hacker für € 7,10*

Spezialitäten
Gut bayerisch, alles was es im Biergarten geben sollte

Spielplatz
Zwei große Spielplätze mit allem was das Herz begehrt

Bier Gutschein 2für1
Zwei Maß Helles zum Preis von Einer
Gültig bis
31.12.2013
bei
Gasthof Hinterbrühl

*Angabe ohne Gewähr

Gutshof **Menterschwaige**

Biergartengeschichte und geheime Liebschaften, in der
Meterschwaige geht es schon seit Jahrhunderten urig zu

Inbegriff der bajuwarischen
Lebensart, die Meter-
schwaige wusste bereits
König Ludwig I. zu schätzen

Der Biergarten des denkmalgeschützten Gutshofs Menterschwaige befindet sich am Isarhochufer zwischen Harlaching und Grünwald und gehört zu den ältesten Biergärten Münchens. So wurde der Gutshof etwa 150 Jahre vor der Stadtgründung erstmals urkundlich erwähnt. Im Selbstbedienungsbereich hat der Biergarten rund 2.200 Sitzplätze.

Am Isarhochufer gelegen ist der Biergarten ideal um seinen Durst nach einer Isarradltour zu stillen.

An den Brotzeitständen im Selbstbedienungsbereich grillen die Köche über Buchenholz Steckerlfisch, leckere Wurst- und Fleischspezialitäten oder offerieren süße Köstlichkeiten wie Crêpes und Auszogne.

Übrigens: Der Gutshof Menterschweige steckt voller Geschichte. Hier, im Haus des Hufschmiedes versteckte früher König Ludwig I seine Mätresse, die Tänzerin Lola Montez.

Gültigkeit:
nur im SB-Bereich,
nur für Helles / Radler,
nicht für Weizen / andere Biere,
nicht kombinierbar mit anderen
Rabattaktionen oder Gutscheinen

Auch heute trifft man
sich hier noch gerne
auf ein Stelldichein

Anschrift

Gutshof Menterschwaige
Menterschwaigstraße 4
81545 München

www.menterschwaige.de
089 640 732

Biergarten
2200 Plätze Selbstbedienung
300 Plätze Bedienbereich

Schankzeiten
Mo - So 12 - 22.30 Uhr

Spielplatz
Abenteuerspielplatz mit
Holzhaus, Piratenschiff und
nostalgischem Karussell

Bier
Löwenbräu Original Hell für ca.
€ 8,00*

Spezialitäten
An Wochenenden großes BBQ
mit Beilagentisch, Cocktail-
Ausschank und Burger aus dem
silbernen Airstream Wohnwagen

MVV
Tram 15 & 25 bis Haltestelle
Meterschwaige

Parken
Ausreichend Parkmöglichkeiten
auf dem Gutshof

Rad
Sehr gut zu erreichen über Isarradweg am Hochufer

*Angabe ohne Gewähr

Bier Gutschein 2für1
Zwei Maß Helles zum Preis von Einer
Gültig bis
31.12.2013
bei
Gutshof
Meterschwaige

Waldwirtschaft

Ausflugsbiergarten und Prominententreff mit Historie: Hier nahm die berühmte Biergartenrevolution ihren Anfang

Bei gutem Wetter spielt eine Jazzband täglich im Biergarten

Die WaWi - wie die Waldwirtschaft von den Einheimischen und den Zuagroasd'n liebevoll genannt wird - zählt zu den Münchner Institutionen in Sachen Biergarten.

So ist das Gasthaus weit über die Grenzen der bayerischen Landeshauptstadt hinaus bekannt und war sogar Mitte der neunziger Jahre das Epizentrum der Biergartenrevolution, bei der rund 25.000 Münchner für den Erhalt der bajuwarischen Kultur kämpften - mit Erfolg. Es ging um nicht weniger als den Erhalt der Freiluftschenken bis nach 21 Uhr.

Im Sommer treibt es die Münchner auf der Suche nach Erholung fernab des Großstadttrubels das Isartal hinauf zur WaWi. Hier treffen sich am Hochufer der Isar beim traditionellen Jazzfrühschoppen Familien, Singles, Feinschmecker, Prominente, Radlgruppen - kurz alle, die gerne bei guter Musik ein kühles Blondes und die Natur genießen.

Gültigkeit:
nur im SB-Bereich,
nur für Helles / Radler,
nicht für Weizen / andere Biere,
nicht kombinierbar mit anderen
Rabattaktionen oder Gutscheinen

WaWi spezial:
Brennt im Sommer
die Sonne, legt sich
ein kühlender feiner
Wassernebel über den
Biergarten

Anschrift

**Waldwirtschaft Großhesselohe
Georg-Kalb-Straße 3
82049 München**

www.waldwirtschaft.de
089 749 940 30

Biergarten
2800 Plätze Selbstbedienung
180 Plätze Bedienbereich

Schankzeiten
Mo-So 10-22:30 Uhr

Spielplatz
Teilweise kostenpflichtiger
Spielplatz mit Schiffschaukel,
Eisenbahn, Trampolin, Eisenbahn
und Kletterhaus

Bier
Spaten für € 7,50*

Spezialitäten
Viele Essensstandl mit breiter
und gehobener Auswahl

MVV
S7 bis Großhesselohe (ehem.
Isartalbahnhof)

Parken
200 Parkplätze kostenpflichtig,
mit 10 Parktickets bekommen Sie
eine Maß gratis

Rad
Am Isarhochufer ca. 4 km entlang, südlich vom Zoo

Bier Gutschein 2für1
Zwei Maß Helles zum Preis von Einer
Gültig bis
31.12.2013
bei
Waldwirtschaft

*Angabe ohne Gewähr

Waldgasthof Buchenhain

Vier Generationen stehen hier für Qualität, Tradition & gutes bayerisches Essen

→ Jung und Alt beim gemütlichen Beisamensein im
Biergarten

dyllisch liegt der Biergarten im Grünen vor den Toren Münchens am Hochufer der Isar. Keineswegs ab vom Schuss, sondern mit einer kleinen Wanderung oder einer Radltour entlang der Isar oder über den Römerweg bei Pullach zu erreichen. Sportmuffel können natürlich auch per S-Bahn anreisen.

Eine wahre Köstlichkeit sind die hausgemachten Schmalznudeln. Dazu ein kühles Bier - auf Wunsch auch ganz traditionell aus dem Steinkrug - und es bleiben keine Wünsche mehr offen.

Sportliche Gäste können den Besuch im Waldgasthof Buchenhain mit einer Portion Aktion im natürlichen Klettergarten hinterm Haus kombinieren. Die Kinder wiederum bekommen am Wildschweingehege große Augen. Damit hat ein Ausflug in den Waldgasthof Buchenhain für die ganze Familie einiges zu bieten.

Gültigkeit:
nur im SB-Bereich,
nur für Helles / Radler,
nicht für Weizen / andere Biere,
nicht kombinierbar mit anderen
Rabattaktionen oder Gutscheinen

A durstige Angelegenheit, im Buchenhain kriegt jeder Gast eine Erfrischung

Anschrift

Waldgasthof Buchenhain
Am Klettergarten 7
82065 Baierbrunn

www.hotelbuchenhain.de
089 744 88 40

Biergarten
600 Plätze Selbstbedienung
200 Plätze Bedienbereich

Schankzeiten
Mo-So 10-23 Uhr

Spielplatz
Hüpfburg, Spielgeräte und Klettergerüst sowie große Spielwiese

Bier
Hofbräu für € 6,50*

Spezialitäten
Regional & saisonal mit großer Karte im Bedienbereich, gut

bayerisch wie z.B. hausgemachter Obadzda und Gegrilltes im SB-Bereich.

MVV
S7 Haltestelle Buchenhain, Haltestelle der früheren "Isartalbahn"

Parken
Große Parkfläche direkt am Haus, kostenfrei

Rad
Am Isarradweg, am Römerweg, oder am Isarhochufer entlang zwischen Pullach und Baierbrunn

Fesch sans, die Burschen und Madl von der Musi

*Angabe ohne Gewähr

Bier Gutschein 2für1
Zwei Maß Helles zum Preis von Einer
Gültig bis
31.12.2013
bei
Waldgasthof
Buchenhain

Augustiner Schützengarten

Authentische Tradition und gelebtes Brauchtum gibt es im neuen
Augustiner Schützengarten

In diesem herrschaftlichen
Anwesen residiert der
Augustiner Schützengarten

Der Augustiner Schützengarten residiert im ehemaligen Sitz der königlich privilegierten Hauptschützengesellschaft. Gegründet 1406 ist die Gesellschaft 1893 in die Zielstadtstraße umgezogen, wo heute noch der Biergarten zu finden ist. Herrschaftlich fühlen sich Gäste des Biergartens auch heute noch. Die beeindruckende Kulisse des Anwesens gibt diesem Biergarten eine besondere Note.

Der Park ist ein grünes Paradies in Mittersendling gleich neben der S-Bahn Mittersendling. Das Schmuckstück des Hauses ist der historische Festsaal.

Ursprünglich hieß die Gaststätte "Neue Schießstätte", Ende der 2000er Jahre wurden sie zu "Münchner Haupt", 2013 in Augustiner Schützengarten umbenannt.

Gültigkeit:
nur im SB-Bereich,
nur für Helles / Radler,
nicht für Weizen / andere Biere,
nicht kombinierbar mit anderen
Rabattaktionen oder Gutscheinen

MVV
Bus 53 bis Zielstadtstraße,
S7 Mittersendling
U3 Obersendling

Parken
Eigener Parkplatz & Parken an der Straße möglich

Rad
Radwege Englischer Garten

Anschrift
Augustiner Schützengarten
Zielstattstraße 6
81379 München

www.augustiner-schuetzengarten.de

Biergarten
3000 Plätze Selbstbedienung
150 Plätze Bedienbereich

Schankzeiten
Mo-So 11- 22 Uhr

Spielplatz
Gut einsehbarer Spielplatz

Bier
Augustiner Bier für € 6,40*

Spezialitäten
Der Schützengarten hat einen neuen Wirt. Was der Renner an der Spezialitätentheke wird, erwarten alle mit Spannung

Zünftig gemütlich - frisches August und a guade Brotzeit in historischem Ambiente

Bier Gutschein 2für1
Zwei Maß Helles zum Preis von Einer
Gültig bis
31.12.2013
bei
Augustiner
Schützengarten

*Angabe ohne Gewähr

Spektakel

Klein aber oho - Das Spektakel ist ein vor allem bei den Anwohnern beliebter aber leicht versteckter Biergarten

↑ Urig eingewachsen ist der Spektakel Biergarten

Hier wird der Biergartenbesuch im wahrsten Sinne des Wortes zum Spektakel und das nicht erst seit gestern. Bereits seit nun mehr knapp 150 Jahren kommen die Gäste in das Wirtshaus Spektakel, das früher noch den Namen Tannengarten trug, um sich in dem traumhaft eingewachsenen Biergarten eine kleine Pause von Stress und Hektik zu gönnen - mitten in der Stadt. Es ist nicht ganz einfach den Weg hierhin zu finden, weshalb sich hier vorzugsweise Einheimische treffen, was auch die moderaten Preise erklärt.

Das Mitbringen von Speisen ist selbstverständlich erlaubt. Der Clou: Wahre Grillfreunde kommen hier voll auf ihre Kosten und können hier ihr mitgebrachtes Steak sogar selbst auf den Grill schmeißen.

Ein weiteres Highlight wartet in der Gaststätte jede halbe Stunde auf Sie. Nur soviel vorweg: Machen Sie sich auf ein Donnerwetter gefasst.

Gültigkeit:
nur im SB-Bereich,
nur für Helles / Radler,
nicht für Weizen / andere Biere,
nicht kombinierbar mit anderen
Rabattaktionen oder Gutscheinen

Außigrasen

Fremdgehen

Sendling inside:
Einmal hergefunden kommt man immer wieder

Anschrift

Spektakel München
Pfeuferstraße 32
81373 München

www.spektakel-muenchen.de
089 767 583 59

Biergarten
450 Plätze Selbstbedienung
150 Plätze Bedienbereich

Schankzeiten
Mo - Fr 15.30- 22.15 Uhr
Sa - So 14 - 22.15 Uhr

Spielplatz
Gut einsehbarer, eingezäunter Spielplatz mit Häuschen und Sandkasten

Bier
Hacker-Pschorr für € 6,10*

Spezialitäten
Hausgemachte Sulz, Schmankerlsalate, Brotzeit, Rollbraten und andere bayerische Spezialitäten

MVV
U6, S7 & S27 Bus 53 Haltestelle Harras

Parken
Pfeuferstraße (Parkautomaten), Maronstraße (Parkscheibe)

Rad
Unweit der Theresienwiese, erreichbar über innerstädtische Straßen, Stellplätze am Haus

Hier donnerts gewaltig: das Spektakel

*Angabe ohne Gewähr

Bier Gutschein 2für1
Zwei Maß Helles zum Preis von Einer
Gültig bis 31.12.2013
bei
Spektakel

Wirtshaus am **Bavariapark**

Der Mix aus Alter Messe und moderner Architektur sorgt hier für ein spezielles urban-bajuwarisches Flair

Im Wirtshaus am Bavariapark frifft historisch auf modern, jung auf alt und Bier auf gute Stimmung

Nur einen Steinwurf von der Theresienwiese entfernt, auf dem Gelände der Alten Messe liegt der Bavariapark und das gleichnamige Wirtshaus. Auf den ersten Blick sticht sofort der moderne Baustil des Stadtvirtels ins Auge, doch auch hier kommt die Tradition nicht zu kurz und die Gäste können ganz urig unter Kastanien ihr aus dem Eichenfaß gezapftes Maßerl genießen.

Für die Trinkfreudigen oder größere Gruppen hat das Wirtshaus am Bavariapark bei vorheriger Reservierung ein besonderes Schmankerl im Angebot: das 30 Liter Holzfass, das von den Gästen selbst direkt am Tisch o'zapft werd. Im Sommer laden Events wie das Sommerfest mit Ochsen am Spieß, die sonntägliche Live-Musi oder auch das Lampionfest zum Verweilen ein.

Ende Oktober ist der Biergarten fest in der Hand der Trachtenträger und die Wiesn wird kurzerhand bis in den Bavariapark erweitert.

Gültigkeit:
nur im SB-Bereich,
nur für Helles / Radler,
nicht für Weizen / andere Biere,
nicht kombinierbar mit anderen
Rabattaktionen oder Gutscheinen

Die täglich wechselnde Karte lockt zahlreiche Gäste in den Bavariapark

Anschrift

Wirtshaus am Bavariapark
Theresienhöhe 15
80339 München

www.wirtshaus-am-bavariapark.com
089 452 116 91

Biergarten
850 Plätze Selbstbedienung
160 Plätze Bedienbereich

Schankzeiten
Mo - So 10 - 23 Uhr

Specials
Sommerfest mit Ochsen am Spieß, Lampionfest, sonntags Live-Musik

Bier
Augustiner vom Holzfass für € 6,30*

Spezialitäten
Wirtshausburger, Fischer-Vroni-Standl, wechselnde Tageskarte mit Gerichten wie beispielsweise Enten-Curry

MVV
U4 & U5 Haltestelle Schwanthalerhöhe

Parken
Kleiner Parkplatz, besser mit dem Rad oder öffentliche Verkehrsmittel

Bier Gutschein 2für1
Zwei Maß Helles zum Preis von Einer
Gültig bis 31.12.2013
bei Wirtshaus am Bavariapark

*Angabe ohne Gewähr

Hacker-Pschorr **Bräuhaus**

Hier wird noch selbst gebraut: Im Hacker-Pschorr Bräuhaus trinkt
man taufrisches Bier aus den hauseigenen Sudkesseln

↑ Im Hacker-Pschorr
Biergarten gibt es
neben Hendl auch
Pizza und Burger

Schweinebraten, Spaghetti oder doch lieber einen saftigen Burger? Im Hacker-Pschorr Bräuhaus an der Theresienhöhe kein Problem: Hier haben die Gäste die Qual der Wahl.

Im Biergarten warten Leckereien aus der traditionellen bayerischen Küche, italienische Köstlichkeiten oder amerikanische Snacks auf die Besucher. Während das Essen hier aus aller Her-ren Länder kommt, legt das Bier im Hacker-Pschorr einen sehr kurzen Weg bis ins Glas zurück. Quasi direkt aus den Kupferkesseln zapft der Wirt das Bier.

Auf Voranmeldung bietet das Hacker-Pschorr Bräuhaus eine Brauereiführung mit Infos rund ums Bierbrauen und das Haus.

Während der Wiesn herrscht hier Hochbetrieb. Dann tobt hier die legendäre After-Wiesn-Party.

ltigkeit:
r im SB-Bereich,
r für Helles / Radler,
ht für Weizen / andere Biere,
ht kombinierbar mit anderen
battaktionen oder Gutscheinen

Stolz prangt der Schriftzug auf dem modernen Bräuhaus

Anschrift

Hacker-Pschorr Bräuhaus
Theresienhöhe 7
80339 München

www.hacker-pschorrbraeu.de
089 500 593 800

Biergarten
800 Plätze Selbstbedienung**
800 Plätze Bedienbereich

Schankzeiten
Mo - So 10 - 1 Uhr

Spielplatz
Kein eigener Spielplatz, Theresienwiese mit seinen Spielplätzen ist über der Straße

Bier
Hacker-Pschorr für 7,50€*
im Bedienbereich

Spezialitäten
Bayerisch (Bräuhaus), italienisch

(Trattoria), amerikanisch (Sportsbar), alles im Biergarten verfügbar

MVV
U4 / U5 Theresienwiese
Bus 134 Alter Messeplatz

Parken
Großes Parkhaus (XXXLutz) nebenan oder auf der Straße

Rad
Radwege Bavariaring, Theresienhöhe und Gollierstraße

Der SB- Biergarten im Hacker-Pschorr wird liebevoll Circuswiese genannt

** SB-Bereich bis September wegen Verschönerungsarbeiten geschlossen
*Angabe ohne Gewähr

Bier Gutschein 2für1
Zwei Maß Helles zum Preis von Einer
Gültig bis 31.12.2013
bei
Hacker-Pschorr
Bräuhaus

Wirtshaus am Rosengarten

Im Rosengarten zeigt sich die Natur von Ihrer blumigen Seite und bietet einen herlichen Blick ins Grüne

Von der Terrasse haben die Besucher den See fest im Blick

Es ist schon eine Weile her, dass die Gartenbau-Ausstellung 1983 im Westpark gastierte und das Wirtshaus die Ausstellungsbesucher mit bayerischen Leckereien lockte. Doch auch heute noch verzaubert das Wirtshaus seine Gäste mit einem herrlichen Blick über die Gartenlandschaft mit 20.000 Rosen und dem nahegelegenen See. Damit gehört dieser Biergarten zwar noch zu den jüngeren Kalibern, steht seinen altehrwürdigen Konkurrenten aber in Nichts nach - auch Dank der neuen Wirtsleut, die frischen Wind in den Rosengarten brachten.

Hier lässt sich ein Spaziergang auf den verschlungenen Wegen des Westparks in mitten der blühenden Rosengärten ideal mit einem Biergartenbesuch samt Steckerlfisch und anderen Biergartenspezialitäten kombinieren. Abends, nach einem Besuch im Freilichtkino "Sonne, Mond und Sterne", sorgt ein Absacker im Rosengarten für einen gelungen Tagesabschluss.

Gültigkeit:

nur für Helles / Radler,
nicht für Weizen / andere Biere,
nicht kombinierbar mit anderen
Rabattaktionen oder Gutscheinen

Rund 1800 Leute findem im Wirtshaus am Rosengarten Platz, der gerne auch private Veranstalltungen ausrichtet

Anschrift

Wirtshaus am Rosengarten
Westendstraße 305
81377 München

www.rosengarten-westpark.de
089 578 693 00

Biergarten
1800 Plätze Selbstbedienung
150 Plätze Bedienbereich

Schankzeiten
Mo - So 11 - 23 Uhr, an heißen Tagen und bei genügend Besuchern auch mal länger

Spielplatz
Kleiner Spielplatz am Biergarten, Abenteuerspielplatz im Westpark

Bier
Paulaner für € 6,90*

Spezialitäten
Steckerlfischhütte, ofenfrische Zubereitung aller Biergartenspezialitäten

MVV
Tram 18 bis Stegener Weg
Bus 51 & 151 bis Andreas-Vöst-Straße

Parken
500 Parkplätze

Rad
Radwege durch den Westpark führen bis vor die Tür

Bier Gutschein 2für1
Zwei Maß Helles zum Preis von Einer
Gültig bis 31.12.2013
bei
Wirtshaus Rosengarten

*Angabe ohne Gewähr

Einkehr zur **Schwaige**

"Längster Stammtisch der Welt" könnte der Eintrag ins Guiness-Buch der Rekorde für das Highlight der Schwaige lauten

Hier kommt zam, was zam gehört:
Bier & Gäste

D och weil sich der gemeine Münchner um Auszeichnungen gleich so gar nicht schert, ist es einfach nur der Stammtisch der Schwaige. Auf etwa zwanzig Metern Länge finden hier etwa 50 Leute einen Platz und können gemütlich unter Freunden ihr kühles Bier geniessen.

Die Einkehr zur Schwaige ist ein alteingesessenes Münchner Wirtshaus mit einer langen Tradition. Ihren Namen hat die Schwaige, in der so mancher Reisende schon vor hundert Jahren eine Auszeit von dem Alltag gönnte, aus dem 12. Jahrhundert von der "Sweiga", einem auf Vieh spezialisierten Gehöft.

Direkt in der Nachbarschaft befindet sich das Schloss Fürstenried und zwei Kilometer südlich lädt der Fürstenrieder Park zu einem kleinen Spaziergang im Grünen ein.

Gültigkeit:
nur im SB-Bereich,
nur für Helles / Radler,
nicht für Weizen / andere Biere,
nicht kombinierbar mit anderen
Rabattaktionen oder Gutscheinen

Watschnbaum

Eine drohende Strafe in Form von saftigen Ohrfeigen

 Das Zunftschild lädt zur Einkehr in die alten Gemäuer

Anschrift

Einkehr zur Schwaige
Forst-Kasten-Allee 114
81475 München - Fürstenried

www.einkehr-schwaige.de
089 724 476 22

Biergarten
400 Plätze Selbstbedienung
150 Plätze Bedienbereich

Schankzeiten
Mo - Fr 14 - 1 Uhr
So u. Feiertag 10 -1 Uhr

Spielplatz
200 Meter entfernt oder auf der Grünfläche am Biergarten

Bier
Spaten für € 7,30*

Spezialitäten
Kotelette-Ribs vom Lavasteingrill mit hausgemachter Barbecuesoße

MVV
U3 bis Fürstenried West
Bus 56 Bellinzonastraße
Bus 166 Tischlerstraße

Parken
Straßenparken sowie zwei Park-plätze jeweils 200 Meter entfernt

Rad
Durch den Fürstenrieder Wald erreicht man den Biergarten auf einem ruhigen Radweg. Fahrrad-ständer sind am Biergarten

 An heißen Sommerta-gen trafen sich hier die Bierfreunde schon vor hundert Jahren

*Angabe ohne Gewähr

Bier Gutschein 2für1
Zwei Maß Helles zum Preis von Einer
Gültig bis 31.12.2013
bei
Einkehr zur Schwaige

Gasthaus **Maxhof**

Mitten im Obersendlinger Wohngebiet, in der Nähe des Forstenrieder Parks liegt der Nachbarschaftsbiergarten Maxhof

↑ So frisch wie hier wird das Bier auch im Maxhof serviert

Hier treffen sich seit 1955 Jung und Alt aus der Nachbarschaft zum geselligen Einkehr.

Betrieben wird das Spatenbräu-Wirtshaus von der Familie Tomberger, die sich aufmerksam um das leibliche Wohl ihrer Gäste kümmert.

Familiär gehts damit auch im Biergarten zu. Zwischen den massiven und wuchtigen Kastanien fühlen sich Besucher schnell pudelwohl - fast wia dahoam. Für den Nachwuchs sind sicher Schaukel, Trampolin und Rutsche die Highlights. Mama und Papa hingegen erfreuen sich der bayerisch-österreichischen Schmankerl, die hier vom Chef noch selbst kreiiert werden.

Die gepflegte Anlage gewährt - fernab von Großgastronomie und Tourismus

Gültigkeit:
nur im SB-Bereich,
nur für Helles / Radler,
nicht für Weizen / andere Biere,
nicht kombinierbar mit anderen
Rabattaktionen oder Gutscheinen

Gschbusi

Flamme, Flirt, Geliebte/r, Hausfreund, Liebesbeziehung

- einen herzlichen Einblick in die bayerische Kultur. Für diese charakteristische Gemütlichkeit ist das Gasthaus in der Umgebung bekannt und wird von Besuchern aus Nah und Fern geschätzt.

Münchner Madl mögen Maxhof

Anschrift

Gasthaus Maxhof
Mühlthalerstraße 91
81475 München

www.gasthaus-maxhof.de
089 759 688 70

Biergarten
300 Plätze Selbstbedienung
120 Plätze Bedienbereich

Schankzeiten
Mo - So 16 - 22 Uhr

Spielplatz
Trampolin, zwei Riesenschaukeln, Spielhaus

Spezialitäten
Baby Spareribs mit geheimer Marinade, laufend frische Riesenbrezn, Hendl vom Gill

Bier
Spatenbräu für € 6,80*

MVV
U3 Haltestelle Fürstenried West

Parken
Tiefgaragenplätze sind vorhanden

Rad
Am Besten durch den Fürstenrieder Wald

Na also, oans geht no, Prost!

*Angabe ohne Gewähr

Bier Gutschein 2für1
Zwei Maß Helles zum Preis von Einer

Gültig bis
31.12.2013
bei
Gasthaus Maxhof

Königlicher **Hirschgarten**

Das Restaurant und der Biergarten sind ein Münchner
Aushängeschild mit Tradition und Speisen aus aller Welt

↑ Der größte Bier-
garten der Welt
ist der Münchner
Hirschgarten

aßkrug seiba
hoin" heißt es
hier - und das
bereits seit
1790. Seither
gehört es zu den
Pflichten eines jeden Bier-
gartenbesuchers im eigens
von Kurfürst Carl Theodor
angelegten Hirschgarten, sich
seinen leeren Maßkrug selbst
mitzubringen oder aus den
Maßkrugschränken zu holen
und ins kalte Wasser zu tau-
chen. Denn ohne Krug, kein
Augustiner.

Rund 8.000 Gäste finden
in diesem Biergarten im
Zentrum Münchens ihren
Platz. Neigt sich der Tag
dem Ende und der Glanz der
Abendlichter reflektiert sich
in den Baumwipfeln, wird
dieser Biergarten zu einer Ka-
thedrale des bayerischen Lebensgefühls. Inmitten dieser
Masse von Leuten, im größten
Biergarten der Welt, ist es für
Einheimische wie Zuagroasde
ein wahres Erlebnis die
Münchner Lebensfreude zu
zelebrieren.

Gültigkeit:
nur im SB-Bereich,
nur für Helles / Radler,
nicht für Weizen / andere Biere,
nicht kombinierbar mit anderen
Rabattaktionen oder Gutscheinen

Gerade für Familien
ist der Hirschgarten
ein beliebtes
Ausflugsziel

Anschrift

Königlicher Hirschgarten
Hirschgarten 1
80639 München

www.hirschgarten.de
089 179 991 19

Biergarten
7000 Plätze Selbstbedienung
500 Plätze Bedienbereich

Schankzeiten
Mo-Sa 11:30-23:30 Uhr
So 11-23:30 Uhr

Spielplatz
Kettenkarusell, der umliegende
Park und das Wildgehege sorgen
für Freude bei Kindern

Bier
Augustiner vom Holzfass € 6,80*

Spezialitäten
Reichhaltige Auswahl, Steckerlfisch, Schweinshaxn, Obazda
und Auszogne

MVV
S-Bahn Station Laim;
Tram 12,16 &17 und Bus 51 &
151 Haltestelle Romanplatz

Parken
Kleiner Parkplatz neben dem
Haus und in den umliegenden
Straßen

Rad
Radwege entlang der Arnulf- und
Fürstenrieder Straße

Hansl der Hirsch war
bekannt für seine Eska-
paden, die ihn am Ende
das Leben kosteten. Seine
Vorliebe war das
"Noigerlzuzln"

*Angabe ohne Gewähr

Bier Gutschein 2für1
Zwei Maß Helles zum Preis Von Einer
Gültig bis
31.12.2013
bei
Königlicher
Hirschgarten

Prinzregent-**Garten**

Der herrschaftliche Garten mit nachbarschaftlicher Atmosphäre
lädt auf ein kühles Blondes nach dem Badespass im Westbad

"Mia san mia" -
Münchner Lebensart in der
Abenddämmerung

Den Prinzregent-Garten finden Besucher, nicht wie man vermuten würde am Prinzregentenplatz, sondern direkt im Münchner Stadtteil Pasing, direkt neben dem Westbad. Hier lässt sich der Badespaß im Sommer folglich herrlich mit einer kleinen Erfrischung im Biergarten kombinieren. Rund 750 Gäste können hier unter den wuchtigen Kastanien dem stressigen Alltag entfliehen und den Tag in aller Ruhe ausklingen lassen. Für den kleinen oder großen Hunger stehen typisch bayerische Biergartenköstlichkeiten parat.

Im Prinzregent-Garten trifft man vor allem auf Münchner Publikum aus Blumenau, Laim und natürlich aus Pasing. Hier kommt die Nachbarschaft zusammen und macht dem gemütlichen Nachbarschaftsbiergarten alle Ehre. Parkmöglichkeiten bieten sowohl das Westbad als auch die nahegelegene Schule.

Gültigkeit:

für Augustiner Hell / Radler,
nicht für Weizen / andere Biere,
nicht kombinierbar mit anderen
Rabattaktionen oder Gutscheinen

Die Gartenschänke im
Herzen Pasings

Anschrift

Prinzregent-Garten
Benedikterstr. 35
81241 München

www.prinzregentgarten.de
089 820 27 60

Biergarten
600 Plätze Selbstbedienung
150 Plätze Bedienbereich

Schankzeiten
Mo - So 10 - 23 Uhr

Spielplatz
Gut einsehbarer kleiner Spielplatz

Bier
Kaltenberg für € 6,70*

Spezialitäten
Reichhaltige bayerische Karte mit
Biergartenklassikern

MVV
Tram 19 Westbad,
Bus 57 zum Westbad ab U-Bahn
Laimer Platz sowie S-Bahn Sta-
tion Pasing

Parken
An der Straße

Rad
Radweg Weinbergstraße führt
direkt am Biergarten vorbei

Gemütlichkeit bei Tag
und Nacht

*Angabe ohne Gewähr

Bier Gutschein 2für1
Zwei Maß Helles zum Preis von Einer

Gültig bis
31.12.2013
bei
Prinzregent-Garten

Waldheim

In Großhadern liegt das Waldheim beschaulich am Fürstenrieder Wald und lädt Gruppen jeder Größe in den Biergarten

Das Waldheim mit seinem charmanten Hauptgebäude

dyllisch und ein bisserl versteckt liegt der traditionsreiche Biergarten vom Waldheim am grünen Rand von Großhadern.

Unter lauschigen Kastanien bei einer kühlen Maß Hacker Pschorr lässt man die Seele baumeln, trifft sich mit Freunden oder der Familie.

Auf die kleinen Gäste wartet ein gut einsehbarer Spielplatz, für die Größeren ist ein Bolzplatz nicht weit.

Biergartenköstlichkeiten wie Obazda, ofenfrische Brezn, knusprige Brathendl oder die beliebten Spareribs machen das Biergartenglück perfekt.

Immer Sonn- und Feiertags gibt's Spanferkel, an Wochentagen leckere Mittagsangebote.

Für separate Feiern im Biergarten lockt die Partybox.

Herzlichkeit und Professionalität aus 17 Jahren Erfahrung zeichnen diesen Biergarten aus. Das Motto lautet hier ganz einfach: „bei uns geht's Ihnen gut".

Gültigkeit:
nur im SB-Bereich,
nur für Helles / Radler,
nicht für Weizen / andere Biere,
nicht kombinierbar mit anderen
Rabattaktionen oder Gutscheinen

Traute Runde im Biergarten - Im Waldheim schmeckt es einfach

Anschrift

Waldheim Gaststätten
Waldheim 1
81377 München Großhadern

www.waldheim.de
089 71 60 65

Biergarten
2000 Plätze Selbstbedienung

Schankzeiten
Mo - So 10.30 - 23 Uhr

Spielplatz
Gut einsehbarer Spielplatz, Bolzplatz

Bier
Hacker-Pschorr für € 7,20*

Spezialitäten
Spareribs, hausgemachter Obazda, wechselnde Mittagsgerichte und Mittagshendl für € 5,80* unter der Woche

MVV
U6 Klinikum Großhadern und 10 Minuten Fußweg oder Bus 56 bis Zöllerstraße und 5 Minuten Fußweg

Parken
Parkplätze vor dem Haus

Rad
Radweg Sauerbruchstraße oder über Wege des Fürstenrieder Wald erreichbar

Party on - Hier gibt's eine extra Box für Partygesellschaften zu mieten

*Angabe ohne Gewähr

Bier Gutschein 2für1
Zwei Maß Helles zum Preis von Einer

Gültig bis 31.12.2013
bei
Waldheim Großhadern

Lochhamer's **El Diablo**

Mix der Kulturen: Im Lochhamer's gibt es das Beste aus Bayern und Mexiko auf einer Karte

Mexikaner im Würmtal
mit traditionellem
Mühlenrad

Natur pur verheißt ein Besuch im idyllisch gelegenen Biergarten des Lochhamer's in Gräfelfing. Denn gleich neben den Tischen und Bänken plätschert die, vom Starnberger See kommende, Würm gemächlich in Richtung München.

Unter schattigen Bäumen lässt sich bei einem kühlen Bier, einer herzhaften Brotzeit oder einem frisch gegrillten Steckerlfisch das Leben in vollen Zügen genießen.

Die Kinder tollen auf dem gut einsehbaren Spielplatz am Klettergerüst herum und bestaunen mit großen Augen das Wasserrad und die Modelleisenbahn des Lochhamer's. Idylle pur.

Direkt gegenüber des Biergarten geht es über eine Fußgängerbrücke in einen Stadtpark. Über die grüne Oase ist die Lochhamer's Einkehr, wie das Lokal früher genannt wurde, auch per Rad von München aus zu erreichen.

Gültigkeit:
nur im SB-Bereich,
nur für Helles / Radler,
nicht für Weizen / andere Biere,
nicht kombinierbar mit anderen
Rabattaktionen oder Gutscheinen

Bier & Burrito, Lochhamer's vereinigt die mexikanische Gelassenheit mit der bayerischen Gemütlichkeit

Anschrift

Lochhamer's El Diablo
Lochhamerstr. 4
82166 Gräfelfing

www.lochhamers.de
089 854 846 51

Biergarten
500 Plätze Selbstbedienung
100 Plätze Bedienbereich

Schankzeiten
Mo - So 10 - 23 Uhr

Spielplatz
Spielplatz vorhanden

Bier
Tegernseer für € 6,50*

Spezialitäten
Bayerisch-Mexikanischer Biergarten. Fajitas und Haxn, Taccos und Schweinsbraten.

MVV
S6 bis Station Lochham, danach etwa 15 Fußweg
Bus 161 Pasing

Parken
Großen Parkplatz hinter dem Haus

Rad
Von Norden kommend durch den Pasinger Stadpark bzw. Paul-Diehl-Park entlang der Würm geht es direkt zum El Diablo.

*Angabe ohne Gewähr

Bier Gutschein 2für1
Zwei Maß Helles zum Preis von Einer
Gültig bis 31.12.2013
bei
Lochhamer's El Diablo

Heide Volm

Gegründet aus königlichem Verlangen, Heimat der Bräurosl und Ausflugsbiergarten in Münchens Süd-Westen

↑ Event und Live-Musik: Termine wie dieser pflegt der Wirt aktuell auf der Webseite ein

Maximillian II. wünschte sich einen Ort der Einkehr und Gemütlichkeit, als er 1854 die erste Teilstrecke der Eisenbahnlinie München - Garmisch eröffnete. Und weil der Maximilian König von Bayern war, konnte ihm diesen Wunsch niemand absprechen. So kam es, dass Reisende auch jetzt noch neben dem heutigen S-Bahnhof Planegg in der Heide Volm Halt machen können. Der gestandene Biergarten im Hinterhof ist die Heimat der berühmten Münchner Bräurosl, die auch auf dem Oktoberfest ins gleichnamig Zelt lädt.

Die Gastfreundlichkeit und Fürsorge ist in der Heide Volm seit langem verwurzelt. Dass es den Gästen an nichts - auch nicht an Rückhalt - mangelt, können sie sich auf der Bierbank bequem zurücklehnen - der integrierten Rückenlehne sei Dank.

Gültigkeit:
nur im SB-Bereich,
nur für Helles / Radler,
nicht für Weizen / andere Biere,
nicht kombinierbar mit anderen
Rabattaktionen oder Gutscheinen

Diridari

Zahlungsmittel jeglicher Art, Geld

Essentielle Bestand-
teile einer großarti-
gen Brotzeit

Anschrift

Heide-Volm
Bahnhofstraße 51
82152 Planegg

www.heidevolm.de
089 857 20 29

Biergarten
1200 Plätze Selbstbedienung
300 Plätze Bedienbereich

Schankzeiten
Mo - So 11 - 23 Uhr

Spielplatz
Großer Spielplatz inmitten des
Biergartens mit Klettergerüst,
Schaukel, Wippe, Sandkasten etc.

Bier
Hacker-Pschorr Brauerei Helles
für € 6,90*

Spezialitäten
Ofenfrische marinierte Spareribs

mit Barbecuesoße,
Obazda mit frischer Brezn,
Hendl vom Grill

MVV
S6 Planegg

Parken
Parkpläze vor dem Haus

Rad
Neuer Fahrradparkplatz mit
Reparaturstation;
In der Nähe des Radwegs Rich-
tung Starnberger Fünf-Seen-Land
entlang der Würm

Biergarten einmal
anders: nobel hergerich-
tet für ein Fest im
Freien

*Angabe ohne Gewähr

Bier Gutschein 2für1
Zwei Maß Helles zum Preis von Einer
Gültig bis
31.12.2013
bei
Heide Volm

Alter Wirt **Krailing**

Ob Motorrad, Fahrrad oder doch zu Fuß: Den ausflugsbegeisterten
Münchnern sind das Würmtal und der Alte Wirt ein Begriff

**Bereit zum Platznehmen:
Auf geht's!**

Der direkt an der Würm gelegenene Kraillinger Traditionsbiergarten wurde vor rund zehn Jahren von der Augustiner Brauerei renoviert und bietet seinen Gästen seither in tradionellem Glanz einen idyllischen Platz zur Erholung und Stärkung - samt kühlem Blonden und einer herzhaften Brotzeit.

In dem selbstverständlich standesgemäß mit Kastanien bepflanzten Biergarten treffen sich jung und junggebli-ebene aus der bayerischen Landeshauptstadt und dem Umland zum Plausch. Für das leibliche Wohl sorgt die breite Auswahl an gutbürgerlichen bis internationalen Speisen. Sonderaktionen - wie Burger,- Tortilla,- Salatwochen - sorgen zudem für eine abwechslungsreiche Küche. Knurrt der Magen also nach einem Ausflug an den Starnberger See und verlangt nach einer ordentlichen Brotzeit und einer Maß Bier, lohnt sich ein Einkehrschwung beim Alten Wirt auf jeden Fall.

Gültigkeit:
nur im SB-Bereich,
nur für Helles / Radler,
nicht für Weizen / andere Biere,
nicht kombinierbar mit anderen
Rabattaktionen oder Gutscheinen

Der Alte Wirt liegt auf dem Radlweg zum Starnberger See

Anschrift

Alter Wirt Krailing
Margaretenstrasse 31
82152 Krailing

www.alterwirtkrailing.de
089 891 984 44

Biergarten
450 Plätze Selbstbedienung
180 Plätze Bedienbereich

Schankzeiten
Mo - So 10 - 23 Uhr

Spielplatz
Spielplatz mit Sandkasten und Karussell vorhanden

Bier
Augustiener Hell vom Fass für € 6,40

Spezialitäten
Traditionell: Babyribs, hausgem. Obazda, Schweinsbraten, wechselnde Tagesgerichte

MVV
S6 Bahnhof Planegg
U- Bahn Fürstenried West

Parken
15+ Parkplätze ums Haus, ansonsten in den Nebenstrasse

Rad
Der Alte Wirt liegt auf einer beliebten Radltour durchs Würmtal nach Starnberg und zurück, Radlparkplatz am Eingang vom Biergarten

Bier Gutschein 2für1
Zwei Maß Helles zum Preis von Einer

Gültig bis
31.12.2013
bei
Alter Wirt Krailing

*Angabe ohne Gewähr

Forsthaus **Kasten**

Das Forsthaus Kasten bietet Natur pur - eine Oase im Wald zwischen Neuried und Gauting

Das Forsthaus liegt inmitten des Erholungswald Forst Kasten, der zum Wandern und Radln einlädt

Bereits 1899 begann der Forstverwalter Brotzeiten an Wanderer zu verkaufen. Noch heute ist das Haus mit seinem großen Garten und den umliegenden Wiesen und Feldern Raststation für Radler.

Los geht die Saison im März/April mit den ersten warmen Stunden und geht bis Ende Oktober, Der Ticker auf der Webseite informiert die Gäste täglich über das aktuelle Wetter und Öffnungszeiten im Biergarten

Auf die regionale Herkunft der Speisen und deren Qualität legt der Wirt und Küchenmeister Johann Barsy besonderen Wert. Die hausgemachten Schorlen wie z.B. Holunder, Löwenzahn, Rhabarber-Erdbeer sind als Abwechslung im alkoholfreien Bereich nicht nur bei Kindern beliebt.

Quer durchs Jahr gibt's Live-Musi und Feste wie Frühlings- und Sommerfest, Pfingstochsenessen, Weinfest und im Dezember der Weihnachtsmarkt und Perchtenlauf.

ltigkeit:
r im SB-Bereich,
r für Helles / Radler,
cht für Weizen / andere Biere,
cht kombinierbar mit anderen
battaktionen oder Gutscheinen

Ein Wander- und Ausflugsziel - Das Forsthaus liegt in einer Lichtung zwischen Neuried und Gauting

Anschrift

Forst Kasten
zw. Neuried und Gauting
82131 Gauting

www.forst-kasten.de
089 850 03 60

Biergarten
2000 Plätze Selbstbedienung
120 Plätze Bedienbereich

Schankzeiten
Mo-So 10 - 23 Uhr

Spielplatz
Abendteuerspielplatz, Minigolf, Maislabyrinth im Herbst

Bier
Paulaner für € 7,20*

MVV
S-Bahn Stockdorf und 40 Minuten Spaziergang durch den Forst Kasten

Spezialitäten
Bratkartoffeln aus Riesenpfanne, Spareribs mit Barbequesoße, Mo - Fr Mittagshendl mit Kartoffelsalat für € 5,80*, Steckerlfisch und Buttermilchbrot aus dem Holzofen am Wochenende

Parken
Ausreichend Parkplätze vorhanden

Rad
Das Forst Kasten ist über zahlreiche Wald- und Radwege erreichbar

*Angabe ohne Gewähr

Bier Gutschein 2für1
Zwei Maß Helles zum Preis von Einer

Gültig bis
31.12.2013
bei
Forsthaus Kasten

Insel **Mühle**

Ein kühles Bier aus dem frisch angezapften Holzfass am
rauschenden Bach: Ankommen und Wohlfühlen heißt es hier

Romantische Kulisse an der Würm

Der Biergarten des Hotels Insel Mühle ist ein ländliches Idyll in Münchens Stadtteil Obermenzing. Direkt an der emsig fließenden Würm gelegen in mitten des Kastanienwaldes finden hier die Liebhaber echter Münchner Biergartentradition ein Zuhause. Bei dieser Kulisse, das Bachrauschen im Ohr, genießen täglich bis zu 800 Münchner ihren frisch gezapften "August" am Wochenende sogar aus dem Holzfass.

Die selbst mitgebrachten Speisen haben hier große Konkurrenz und bleiben, aufgrund der typisch zünftigen Brotzeitvariationen und saftigen Grillspezialitäten sowie Spareribs mit hausgemachter Barbecuesoße, hin und wieder im Korb.

An der Würm führt ein Radweg entlang und somit ist auch der Biergarten mit dem Drahtesel sehr gut zu erreichen.

Biergarten
800 Plätze Selbstbedienung

Schankzeiten
Mo - Do 12 - 23 Uhr
Fr - So 10 - 23 Uhr

Spielplatz
Abenteuerspielplatz

Bier
Augustiner (am Wochenende vom Holzfass) für € 6,80*

Spezialitäten
Frische Hendl vom Grill, Spareribs mit hausgemachter Barbecuesoße, Weißwurstsulze und Tellersulze

Anschrift

Insel Mühle
Von-Kahr-Straße 87
80999 München

www.inselmuehle-muenchen.com
89 810 10

MVV
S2 Untermenzing & 10 Minuten Fußweg oder weiter mit Bus 164 bis Von-Kahr-Straße (Hier hält auch Bus 165)

Parken
Keine Parkmöglichkeit am Hotel, aber öffentlicher Parkplatz gegenüber.

Rad
Sehr gut zu erreichen über den Radweg entlang der Würm

Festlich geschmückter Biergarten mit zünftigem Brotzeitangebot - Lecker!

Bier Gutschein 2für1
Zwei Maß Helles zum Preis von Einer
Gültig bis
31.12.2013
bei
Insel Mühle

*Angabe ohne Gewähr

Neue Fasanerie

Ein grünes Paradies mit Nostalgiefaktor nahe am Botanischen Garten, mitten im Hartmannshofer Park

Erfischende Kühle im Sommer da der Biergarten mitten im Wald liegt

Nach seiner Rückkehr aus dem französischen Exil im Jahre 1717 gründete Kurfürst Max Emanuel in München vier Fasanerien. In Nymphenburg, Moosach, Schleißheim und in der neu erworbenen Einöde Hartmannshofen schuf der Adelige den Vögeln ein Gehege und seinen adeligen Gefährten idyllische Ausflugsziele mit viel Natur. Leider ist von allen Fasanengärten heute nur noch einer erhalten, die Fasanerie Hartmannshofen, heute besser bekannt unter dem Namen "Neue Fasanerie". Zwischen Botanischem Garten und Nymphenburger Schlosspark wird hier Tradition noch großgeschrieben. Wie früher werden den Ausflüglern unter den schattenspendenden Kastanien herzhafte Biergartenschmankerl oder auch Spezialitäten des Hauses sowie eine kühle Erfrischung gereicht.

ültigkeit:
ur im SB-Bereich,
ur für Helles / Radler,
cht für Weizen / andere Biere,
cht kombinierbar mit anderen
battaktionen oder Gutscheinen

Biergarten
1300 Plätze Selbstbedienung
150 Plätze Bedienbereich

Schankzeiten
Mo-Do 16, Fr, Sa 14, So 11
bis jeweils 22:30 Uhr

Spielplatz
Gut einsehbarer Spielplatz mit
Park und Spielwiese

Bier
Hofbräu für € 6,80*

Spezialitäten
Reichhaltige Auswahl, darunter
Schweisribberl, Giggerl und tradi-
tionelle Biergartenkost

Anschrift

Restaurant Fasanerie
Hartmannshofer Straße 20
80997 München

www.neue-fasanerie.de
089 149 56 07

MVV
Bus143 & 162 sowie
Tram 17 bis Amalienburgstraße

Parken
Straßenparken problemlos
möglich

Rad
Im Hartmannshofer Park gelegen,
über Parkwege vom Schloss Nymphenburg und dessen Parkgebiet
erreichbar

Das imposante
Eingangstor zur
Fasanerie zeugt von
königlicher Ge-
schichte

Bier Gutschein 2für1
Zwei Maß Helles zum Preis von Einer

Gültig bis
31.12.2013
bei
Neue Fasanerie

*Angabe ohne Gewähr

Zur **Geyerwally**

Fesch im Dirndl, zupackend beim Servieren und immer gut gelaunt und herzlich zu den Gästen: So ist die Geyerwally

↑ **Den Schweinsbraten gibt es täglich im Angebot, Ente an den Wochenenden**

Gemütlich, friedvoll, bayerisch, entspannt, so geht es auf dem Gelände des ehemaligen Concordia Parks zu. Die alten Kastanien im Biergarten spenden im Sommer den wohltuenden Schatten und vertreiben gemeinsam mit einem Maßerl die trüben Alltagsgedanken.

Ein Blick auf die Speisekarte enthüllt sehr schnell: hier kocht a Bayer. Bayerische Schmankerl wie Tafelspitz mit Kartoffeln verteilt auf große Portionen, wie es sich für ein Wirtshaus gehört. Die Preise sind zivil, dass zum Schluss sogar noch ein Mogndratzerl drin ist. Das Unterhaltungsprogramm für die Kleinen beinhaltet einen einsehbaren Spielplatz samt Schaukeln und Wippe sowie allerlei anderen Spielsachen. Für die Fußballfans gibt es Fußballfeste live zum Mitfiebern.

Gültigkeit:
nur im SB-Bereich,
nur für Helles / Radler,
nicht für Weizen / andere Biere,
nicht kombinierbar mit anderen
Rabattaktionen oder Gutscheinen

Bei der Geyerwally
gibt es Hofbräu und
Live-Fußball

Anschrift

Zur Geyerwally
Landshuter Allee 165
80637 München

www.zurgeyerwally.de
089 720 167 66

Biergarten
800 Plätze Selbstbedienung
300 Plätze Bedienbereich

Schankzeiten
Mo - So 10 - 23 Uhr

Spielplatz
Großer Spielplatz, einsehbar von
den Sitzplätzen

Bier
Hofbräu für € 5,90*

Spezialitäten
Täglich offenfrischer Schweine-
braten für € 5,90*,
Steckerlfischhütte

MVV
Tram 20/21 Olympiapark West
U1 Gern

Parken
40 kostenlose Parklätze. Einfahrt
direkt von Aral Tankstelle
Landshuter Allee

Rad
Über Radweg Dachauer Straße,
Landshuter Allee

Hier steht auch die
Küche unter dem
Motto blau-weiß

*Angabe ohne Gewähr

Bier Gutschein 2für1
Zwei Maß Helles zum Preis Von Einer

Gültig bis
31.12.2013
bei
Zur Geyerwally

Olympia **Alm**

Auch direkt in München gibt es urige Almatmosphäre und das samt sensationellen Blick über Stadt und Alpen

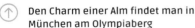 Den Charm einer Alm findet man in München am Olympiaberg

↑ Sollte die Alm schon rappelvoll sein, dann einfach auf Wiese daneben ausweichen

Wer an einem schönen Sonntagnachmittag seinem Gschbusi die Stadt von oben zeigen möchte, sollte sich ohne Furcht an den Fuss des Olympiaberges begeben und die schwindelerregenden Höhen erklimmen. Nach getaner Arbeit wird man hier mit einer wunderbaren Aussicht über München und - mit ein wenig Glück - einem herrlichen Alpenpanorama für die Mühen entlohnen. Und was hat man sich nach einem derartigen Aufstieg verdient? Genau, eine Jause in der Olympia Alm.

Hier treffen sich die Gipfel-

Gültigkeit:
nur im SB-Bereich,
nur für Helles / Radler,
nicht für Weizen / andere Biere,
nicht kombinierbar mit anderen
Rabattaktionen oder Gutscheinen

Der sensationelle Blick vom Olympiaberg: Bei Föhn die erste Wahl

stürmer zur Einkehr. Der Biergarten selbst ist nicht sehr groß, doch durch die weitläufige Wiese nebenan findet hier eh jeder ein Plätzchen. Bewaffnet mit einem Weissbier und einer Spezialität vom Grill wird der Park einfach ebenfalls zum Biergarten. Das Panorama mit den zwie-beltürmen der Frauenkirche und dem dahinterliegenden Gebirge raubt so manchem Besucher den Atem und bringt sogar die Einheimischen immer wieder aufs Neue zum Schwärmen. Almabtrieb gibt es hier übrigens keinen. Auch im Winter können Sie hier Einkehren.

Anschrift

Olympia Alm
Martin-Luther-King Weg 8
80809 München

www.olympiaalm.de
089 300 99 24

Biergarten
250 Plätze Selbstbedienung

Schankzeiten
Mo - So 9 - 24 Uhr

Spielplatz
Große Wiese zum Spielen

Bier
Ayinger Bier für € 6,20*

MVV/Parken/Rad
U3 Petuelring oder Olympiapark., Parkmöglichkeiten in den umliegenden Straßen oder Olympiastadion, alles mit ca. 10 Minuten Spaziergang durch den Park erreichbar

Spezialitäten
Bayerische Grillspezialitäten

Bier Gutschein 2für1
Zwei Maß Helles zum Preis von Einer

Gültig bis
31.12.2013
bei
Olympia Alm

*Angabe ohne Gewähr

Kaisergarten

Der Wirtsgarten bietet modernes Flair in klassischem Gemäuer kombiniert mit leckerer Gemütlichkeit - fabelhaft

Mitten im Wohn-
gebiet, der Kaiser-
garten

Eleganter Stil mit einem ordentlichen Schuss Style: Diese Kombination bietet der Kaisergarten in Schwabing seit über 100 Jahren seinen Gästen - auch im angeschlossenen Wirtsgarten mit seiner traumhaften und fast surrealen Idylle. Dazu passend: der Slow-Food-Gedanke der Wirtsleut. Hektik und Alltagsstress sind hier passé. Stattdessen stehen Ruhe, Genuss und Entspannung hier auf der Tagesordnung. Die bajuwarisch inspirierten Speisen werden mit Zutaten aus dem Münchner Umland zubereitet. Regionale Alpenküche lautet das Motto. So kommt das Fleisch vom lokalen Metzger, Käse aus der Schweiz, Speck aus Tirol und Bier aus - wie könnte es anders sein - Bayern, genauer gesagt aus Aying. Neben den saisonal wechselnden Gerichten gibt es Klassiker wie hausgemachter Kaiserschmarrn, Bio-Schweinsbraten oder Schnitzel vom Kalb.

ltigkeit:
im SB-Bereich,
für Helles / Radler,
ht für Weizen / andere Biere,
ht kombinierbar mit anderen
oattaktionen oder Gutscheinen

Im Wirtsgarten kre-
denzt der Koch alpen-
ländische Küche

Anschrift

Kaisergarten
Kaiserstraße 34
80801 München

www.kaisergarten.com
089 340 202 03

Wirtsgarten

170 Plätze Bedienbereich.
Wirtsgarten, bitte keine eigenen
Speisen mitbringen

Schankzeiten

Mo-So 10-23:45 Uhr

Bier

Ayinger für € 7,50*

Spezialitäten

Regionale und saisonal abwech-
selnde Speisekarte in
liebevollem natürlichen
Ambiente

MVV

U3 & U6 bis Münchner Freiheit
Tram 27 & 28 bis Kurfürstenplatz

Parken

Kein eigener Parkplatz,
Straßenparken

Rad

Radweg an der Leopoldstraße

Tradition trifft im
Kaisergarten auf
Schwabinger Moderne

*Angabe ohne Gewähr

Bier Gutschein 2für1
Zwei Maß Helles zum Preis von Einer

Gültig bis
31.12.2013
bei
Kaisergarten

Wintergarten am Elisabethmarkt

Ein kleines, charmantes Augustiner Wirtshäusl in mitten von Schwabing, ein Ort zum Leute studieren, sinnieren & pausieren

Schwabinger Gemütlichkeit zwischen dem Markttrubel

Bier war in dieser Gaststätte ursprünglich ganz und gar nicht vorgesehen. Der Arzt und Alkohol abstinenzler Carl Brendel hat den Bau des „Milchhäusl" angeregt und persönlich darüber gewacht, dass jeden Morgen ab 5 Uhr Früh Milch ausgegeben wurde. Schon damals machte er sich Sorgen um die Volksgesundheit und wollte vor allem die „Eindämmung des Völkergiftes Alkohol" bewirken.

Wie wir heute wissen, war der Erfolg seines Vorhabens zeitlich begrenzt und so kann man heute im Wintergarten am Elisabethplatz, inmitten des Marktgeschehens, ein kühles Bier bestellen.

Der nach Kaiserin Elisabeth, besser bekannt als Sissi, benannte Platz, beheimatet einen Dauermarkt für Lebensmittel und Blumen. Herrlich lässt ich das Treiben des Marktes und das Wuseln und Tummeln der Leute beobachten.

 Der Pavilion bietet
eine herrliche Kulisse
zum Verweilen

Anschrift

Wintergarten am Elisabethmarkt
Elisabethplatz 4b
80796 München

www.wintergarten-schwabing.de
089 273 731 34

Biergarten
300 Plätze Bedienbereich,
Wirtsgarten, bitte keine eigenen
Speisen mitbringen

Schankzeiten
Mo-So 10 - 23 Uhr

Spielplatz
Öffentlicher Spielplatz Elisabethplatz

Bier
Augustiner für € 6,50*

Spezialitäten
Münchner Essen - Münchner Bier

MVV
Tram 17 & 28 Elisabethplatz

Parken
An der Straße

Rad
Radweg Elisabethstrasse kommt
vom Olympiapark und führt über
die Frans-Joseph-Straße in den
Englischen Garten

 Das ehemalige
Milchhäusl am
Elisabethplatz im
Herzen Schwabings

*Angabe ohne Gewähr

Bier Gutschein 2für1
Zwei Maß Helles zum Preis von einer

Gültig bis
31.12.2013
bei
Wintergarten
am Elisabethenmarkt

Brunnwart

Fescher Biergarten in Schwabing reizt mit uriger Atmosphäre im ehemaligen Pumpenhaus des Schlosses Biederstein

"Hau di hera samma mehra". Beim Brunnwart gents gemütlich zu

Früher genoss König Max I. von Bayern hier in der Sonne sein kühles Blondes um sich von den Strapazen der Herrschaft zu erholen. Heute genehmigen sich auf dem ehemaligen Anwesen des Biedersteiner Schlosses die Gäste des Brunnenwarts an der selben Stelle ein frisch gezapftes Bier.

Seit 1793 thront das Gebäude beinahe majestätisch aber auch ein wenig geheimnisvoll in mitten des grünen Dickichts und schafft so am Rande von Alt-Schwabing ein beinahe verwunschenes Ambiente.

Gegessen wird hier selbstverständlich bayerisch, allerdings mit einem leicht mediterranen Einschlag, sprich Leckereien vom Schweinsbraten bis Carpaccio.

Brautpaare laden gerne in den Brunnwart, um dort den schönsten Tag ihres Lebens mit den Liebsten zu feiern. Der perfekte Ort für eine Märchenhochzeit.

Gültigkeit:

nur für Helles / Radler,
nicht für Weizen / andere Biere,
nicht kombinierbar mit anderen
Rabattaktionen oder Gutscheinen

Der Brunnwart beheimatet viele Hochzeiten, gerne auch hoch zu Ross

Anschrift

Zum Brunnwart
Biedersteinerstr.78
80805 München

www.brunnwart.de
089 361 40 58

Biergarten
450 Plätze Bedienbereich
dennoch Brotzeit selber Mitbringen erlaubt

Schankzeiten
Mo-So 11 - 23 Uhr

Spielplatz
Rutsche, Sandkasten, Trampolin

Bier
Löwenbräu für € 7,40*

Spezialitäten
Herzhaft bayerische Kost,
Schwabing Schnitzel mit Röstkartoffel, Apfelkücherl mit Vanilleeis.

MVV
U6 Dietlindenstraße und 5 min.
Spaziergang

Parken
Straßenparken teils kostenpflichtig, teils mit Parkscheibe

Rad
Vom Englischen Garten über
ruhige Seitenstraße erreichbar

Traditionelle
Bierlieferung zum
Brunnwart

*Angabe ohne Gewähr

INDEX

Gültigkeit:

nur für Helles / Radler,
nicht für Weizen / andere Biere,
nicht kombinierbar mit anderen
Rabattaktionen oder Gutscheinen

Sämtliche Biergärten wurden von den Herausgebern sorgfältigst recherchiert. Für die Richtigkeit der Angaben - insbesondere bzgl. der Preisangaben und Öffnungszeiten - kann jedoch keine Haftung übernommen werden. Hinweise und Anregungen sind jederzeit willkommen. Wir freuen uns auf Ihre Zuschrift.

Ihr Biergarten fehlt in diesem Buch und soll unbedingt in die Auflage 2014? Kontaktieren Sie uns unter: info@biergartenguide.com

IMPRESSUM:
© 2013, Thomas Hartmann | Markus Birk, Biergartenguide.com

Biergartenguide München · Ausgabe 1 · April 2013 ·
AUTOREN · Thomas Hartmann | Markus Birk · Plinganserstr. 53 · 81369 München · info@biergartenguide.com
DRUCK · Braun Druck · Philipp-Schlelein-Weg 14 · 89407 Dillingen
ISBN · 978-3-00-041324-7
GRAPHIC DESIGN Fernsicht - Medienagentur · www.fern-sicht.com
MUSE Simone Brugger · **KLUGSCHEISSER** Sebastian Schmid · **MENSCHLICHER WECKER** Inga Gegier

BILDNACHWEIS alle Bilder von Markus Birk und Thomas Hartmann außer:
TITELBILD kzenon (Shutterstock.com) · **BUCHRÜCKSEITE** Insel Mühle
Bayerischer Brauerbund e.V., S: 4, 12, 13, 19
Deutscher Brauer-Bund e.V., S: 14, 15, 16, 17, 32, 76
Seite 10: Journey234, http://commons.wikimedia.org/wiki/File:Schild_Isarradweg.jpg, is licensed under a Creative Commons license: http://creativecommons.org/licenses/by/3.0/ · Bukk, http://de.wikipedia.org/w/index.php?title=Datei:Isar_Radweg.jpg&filetimestamp=20060626064127, is licensed under a Creative Commons license: http://creativecommons.org/licenses/by/3.0/ · Seite 18: Evergreen68, http://commons.wikimedia.org/wiki/File:Reinheitsgebot_M%C3%BCnchen_Viktualienmarkt_wiki.JPG is licensed under a Creative Commons license: http://creativecommons.org/licenses/by/3.0/ · Gamsbart, http://commons.wikimedia.org/wiki/File:Muenchner_Reinheitsgebot.JPG is licensed under a Creative Commons license: http://creativecommons.org/licenses/by/3.0/ · Seite 19: RalfR, http://de.wikipedia.org/w/index.php?title=Datei:Obazder-rr.jpg&filetimestamp=20080818103307 is licensed under a Creative Commons license: http://creativecommons.org/licenses/by/3.0/ · neumanndesign.de, S: 24, 25 · Park Cafe, S: 26,27 · Löwenbräukeller, S: 28, 29 · Seehaus i.E.G. / Kuffler, S: 30, 31, 54, 55 · Seite 33: N p holmes, http://commons.wikimedia.org/wiki/File:Hirschau.JPG is licensed under a Creative Commons license: http://creativecommons.org/licenses/by/3.0/ · Mini Hofbräuhaus, S: 34, 35 · Sankt Emmeramsmühle, S: 36, 37 · Gigi Dettweiler, S: 38, 39 · Wirtshaus & Biergarten Leiberheim, S: 40, 41 · Bürger & Gewerbe Kreis Ramersdorf, S:42, 43 · Biergarten am Muffatwerk, S: 44,45 · Convivium GmbH & Co KG, S: 46, 47 · Wirtshaus zum Isartal, S: 48, 49 · Gasthaus Siebenbrunn / PERIMETRIK, S: 50, 51 · Andreas Huhn, S: 52, 53 · Gasthof Hinterbrühl, S: 56, 57 · Gutshof Menterschwaige, S: 58, 59 · Waldwirtschaft, S: 60, 61 · Waldgasthof Buchenhain, S: 62, 63 · Augustiner Schützengarten, S: 64, 65 · Spektakel, S: 66, 67 · Wirtshaus am Bavariapark, S: 68, 69 · Hacker-Pschorr Bräuhaus, S: 70, 71 · Wirtshaus am Rosengarten, S. 72, 73 · Ralf Kruse, S: 74, 75 · connykurzfoto.de, S: 76 · Königlicher Hirschgarten, S: 78, 79 · Prinzregent-Garten, S: 80, 81 · Waldheim Gaststätten GmbH, S: 82, 83 · Lochhamer's El Diablo, S: 84, 85 · Heide Volm, S: 86, 87 · Alter Wirt Krailing, S: 88, 89 · Forsthaus Kasten, S. 90, 91 · Insel Mühle, S:92, 93 · Neue Fasanerie, S: 94, 95 · Zur Geyerwally, S. 96, 97 · Olympia Alm, S: 98, 99 · weidemeyer keller branding, S: 100, 101 · Wintergarten am Elisabethmarkt, S: 102, 103 · Brunnwart, S: 104, 105 · MVV, S: 108
KARTEN die Karten auf S: 6,7,8,9 sind Daten von OpenStreetMap – Veröffentlicht unter CC-BY-SA 2.0
http://creativecommons.org/licenses/by-sa/2.0/

Schnellbahnnetz

MVG

S-Bahn München DB
Partner im MVV

© MVV / Stand: Dezember 2...

Tarifzonen

München XXL

Innenraum Außenraum

Lines: S1 S2 S3 S4 S6 S7 S8 · S20 S27 · U1 U2 U3 U4 U5 U6 U7 · A

Selected stations:

Erding · Altenerding · Aufhausen · St. Koloman · Ottenhofen · Markt Schwaben · Poing · Grub · Heimstetten · Feldkirchen · Riem · Messestadt West · Messestadt Ost · Moosfeld · Gronsdorf · Haar · Vaterstetten · Baldham · Zorneding · Eglharting · Kirchseeon · Grafing Bahnhof · Grafing Stadt · Ebersberg

Flughafen München / Munich Airport · Flughafen Besucherpark · Hallbergmoos · Ismaning · Unterföhring · Johanneskirchen · Englschalking · Daglfing · Berg am Laim · Leuchtenbergring · Trudering · Gronsdorf

Freising · Pulling · Neufahrn · Eching · Lohhof · Unterschleißheim · Oberschleißheim · Feldmoching · Moosach

Garching-Forschungszentrum · Garching · Garching-Hochbrück · Fröttmaning · Kieferngarten · Freimann · Studentenstadt · Alte Heide · Nordfriedhof · Dietlindenstr. · Münchner Freiheit · Giselastr. · Universität · Odeonsplatz · Marienplatz · Sendlinger Tor · Goetheplatz · Poccistr. · Implerstr.

Arabellapark · Richard-Strauss-Str. · Böhmerwaldplatz · Prinzregentenplatz · Max-Weber-Pl. · Lehel

Ostbahnhof · St.-Martin-Str. · Karl-Preis-Platz · Giesing · Innsbrucker Ring · Michaelibad · Quiddestraße · Neuperlach Zentrum · Therese-Giehse-Allee · Neuperlach Süd · Perlach · Neubiberg · Ottobrunn · Hohenbrunn · Wächterhof · Höhenkirchen-Siegertsbrunn · Dürrnhaar · Aying · Peiß · Großhelfendorf · Kreuzstraße

Fasangarten · Fasanenpark · Unterhaching · Taufkirchen · Furth · Deisenhofen · Sauerlach · Otterfing · Holzkirchen

Kolumbusplatz · Silberhornstr. · Untersbergstr. · Candidplatz · Wettersteinplatz · St.-Quirin-Platz · Mangfallplatz

Hauptbahnhof / Central Station · Karlsplatz (Stackus) · Königsplatz · Theresienstr. · Josephsplatz · Hohenzollernplatz · Scheidplatz · Bonner Platz · Milbertshofen · Frankfurter Ring

Theresienwiese · Schwanthalerhöhe · Heimeranplatz · Hackerbrücke · Donnersbergerbrücke · Hirschgarten · Laim · Pasing · Westkreuz

Harras · Mittersendling · Obersendling · Siemenswerke · Solln · Großhesselohe Isartalbf. · Pullach · Höllriegelskreuth · Buchenhain · Baierbrunn · Hohenschäftlarn · Ebenhausen-Schäftlarn · Icking · Wolfratshausen

Fürstenried West · Forstenrieder Allee · Basler Str. · Machtlfinger Str. · Aidenbachstr. · Westpark · Holzapfelkreuth · Haderner Stern · Großhadern · Klinikum Großhadern

Partnachplatz · Friedenheimer Str. · Westendstr. · Am Hart · Harthof · Hasenbergl · Dülferstr. · Feldmoching

Olympia-Einkaufszentrum · Oberwiesenfeld · Olympiazentrum · Petuelring · Georg-Brauchle-Ring · Rotkreuzplatz · Westfriedhof · Maillingerstr. · Stiglmaierplatz · Gern · Moosacher St.-Martins-Platz

Petershausen · Vierkirchen-Esterhofen · Röhrmoos · Hebertshausen · Dachau · Karlsfeld · Allach · Untermenzing · Obermenzing

Altomünster · Kleinberghofen · Erdweg · Arnbach · Markt Indersdorf · Niederroth · Schwabhausen · Bachern · Dachau Stadt

Mammendorf · Malching · Maisach · Gernlinden · Esting · Olching · Gröbenzell · Lochhausen · Langwied · Leienfelsstr. · Neuaubing · Freiham · Harthaus · Puchheim · Eichenau

Geltendorf · Türkenfeld · Grafrath · Schöngeising · Buchenau · Fürstenfeldbruck · Germering-Unterpfaffenhofen · Harthaus · Gröbenzell

Herrsching · Seefeld-Hechendorf · Steinebach · Weßling · Neugilching · Gilching-Argelsried · Geisenbrunn

Tutzing · Feldafing · Possenhofen · Starnberg · Starnberg Nord · Gauting · Stockdorf · Planegg · Gräfelfing · Lochham

Deutsches Museum · Isartor · Rosenheimer Platz · Kreillerstr. · Josephsburg